A. N. OSTROVSKY

THE STORM

BLACKWELL RUSSIAN TEXTS

General Editor: M. J. de K. Holman

А. Н. ОСТРОВСКИЙ
ГРОЗА

A. N. OSTROVSKY

THE STORM

Edited by A. V. Knowles

Basil Blackwell

This edition first published 1988

Basil Blackwell Ltd
108 Cowley Road, Oxford, OX4 1JF, UK

Basil Blackwell Inc.
432 Park Avenue South, Suite 1503
New York, NY 10016, USA

British Library Cataloguing in Publication Data
Ostrovskii, A. N.
   Groza = The storm. – (Blackwell Russian texts).
   I. Title   II. Knowles, A. V.   III. The storm
   891.72′3   PG3337.08G7
   ISBN 0–631–15452–3

Library of Congress Cataloging in Publication Data
Ostrovsky, Aleksandr Nikolaevich, 1823–1886.
   [Groza/A. N. Ostrovskii] = The storm.
   (Blackwell Russian texts)
   Text in Russian; introd. and notes in English.
   Includes index.
   I. Knowles, A. V. (Antony Vere)   II. Title.
III. Title: Storm.   IV. Series.
PG3337.08G7   1988   891.72′3   87-32020
ISBN 0-631-15452-3 (pbk.)

Typset in 10 on 12pt Times
by Joshua Associates Ltd., Oxford
Printed in Great Britain by
Billing & Sons Ltd, Worcester

CONTENTS

BIOGRAPHICAL NOTES
Aleksandr Nikolaevich Ostrovsky
(1823–1886)

1823   31 March, Ostrovsky born in Moscow, on the south side of the river, in the merchants' residential area, the son of a municipal court official.

1831   Death of mother.

1836   Father marries again, the daughter of a Swedish nobleman.

1840   Completes secondary school education with *magna cum laude*; enrols in the Law Faculty at Moscow University; spends most of his spare time at the theatre or with theatre people.

1843   Second failure in examinations, and disagreement with his professor, leads to withdrawal from university; enters government service as a clerk in the Moscow Commercial Court. Writes first short stories.

1847   *Zapiski zamoskvoretskogo zhitelya* and part of *Bankrot* published; 14 February, public reading of one-act play *Kartina semeinogo schast'ya*; father buys small estate at Shchelykovo in the province of Kostroma.

1849   Takes Agafya Ivanovna (surname unknown) as his wife; disinherited by father; completes first full-length play *Svoi lyudi – sochtemsya* (normally known in English as *A Family Affair*).

1850   Censor bans *Svoi lyudi – sochtemsya* from public perfor-
        mance. Nicholas I orders police surveillance of Ostrovsky.
        Becomes an editor of the conservative journal *Moskvi-*
        tyanin.
1851   Dismissed from government service because of police
        surveillance.
1853   14 January, first production of *Ne v svoi sani ne sadis'*; and,
        in the autumn, of *Bednaya nevesta*.
1854   *Bednost' ne porok* staged.
1856   Begins publishing plays in *Sovremennik*, the leading literary
        journal of the day; starts translating Shakespeare's *The*
        Taming of the Shrew.
1858   On the insistence of the censor gives *Svoi lyudi – sochtemsya*
        a 'moral' ending and it is staged.
1859   Publishes first Collected Works in two volumes; Dobro-
        lyubov's influential article 'Temnoe tsarstvo' appears in
        Sovremennik. 16 November, *Groza* first performed at the
        Maly Theatre in Moscow.
1860   January, *Groza* published in *Biblioteka dlya chteniya*.
        Dobrolyubov writes his second article 'Luch sveta v temnom
        tsarstve'; *Groza* awarded the Uvarov Prize.
1862   Because of the many rejections of his plays with a contem-
        porary theme, takes to writing on historical subjects. Travels
        to Western Europe.
1863   Awarded the Uvarov Prize for *Grekh da beda na kogo ne*
        zhivet.
1865   *Voevoda* (known in English as *Dream on the Volga*) staged
        in Moscow and St Petersburg. 14 November, founds the
        Actors' Club with the composer Nikolai Rubinstein.
1867   Death of father and Agafya Ivanovna; with brother buys
        Shchelykovo from their stepmother. Tchaikovsky writes
        opera based on *Dream on the Volga*.
1868   With *Na vsyakogo mudretsa dovol'no prostoty* begins
        publishing for the *Otechestvennye zapiski*.
1869   Marries the actress Maria Vasileva (real name Bakhmeteva).
1870   Completion of influential 'Memorandum on a Copyright for

Dramatists'; organizes Association of Russian Playwrights and Composers.

1871   *Les*, first of his four plays about actors, produced.

1872   Silver jubilee of his career in the theatre celebrated; refused state pension.

1873   Tchaikovsky's setting of *Snegurochka* opens at the Bolshoi Theatre in Moscow.

1876   Collaborates with Nikolai Solovev on *Zhenit'ba Belugina*.

1882   Works for the Imperial Commission on the theatre; writes 'A Memorandum on the Condition of Dramatic Art at the Present Time' and 'On Theatre Schools'; Rimsky-Korsakov's opera *Snegurochka* opens in St Petersburg; thirty-fifth anniversary of theatre career; pension still refused.

1884   Alexander III grants annual pension of 3000 roubles – which Ostrovsky considers 'inadequate'.

1885   Suffers first heart attack.

1886   Appointed Director of Repertory for the Moscow Imperial Theatres; works on translation of Shakespeare's *Antony and Cleopatra*. 2 June, fatal heart attack; dies at Shchelykovo.

INTRODUCTION

I

By the time of his death in 1886 Ostrovsky had written nearly fifty plays – comedies, tragedies, historical dramas, realistic plays and fairy tales. Almost his whole life was dedicated to the theatre in one form or another. He not only wrote for it, establishing a tradition of realism on the Russian stage, but took a keen interest in the production of his own plays and those of others. He also wrote extensively on the theory of dramatic art, the contemporary state of the theatre in nineteenth-century Russia, and the conditions of the acting profession, which he did all he could to improve. All his efforts in this sphere were officially and rather belatedly recognized when in 1886 he was appointed Director of Repertory for all the Moscow Imperial Theatres.

The first full-length play Ostrovsky wrote was *Bankrot* (*The Bankrupt*), part of which was published in 1847. It was revised and appeared in print three years later entitled *Svoi lyudi – sochtemsya* (*It's in the Family – Let's Keep it that Way*, more commonly known as *A Family Affair*). It was not until January 1853, however, that any of his plays was actually staged, when *Ne v svoi sani ne sadis'* (*Stick to your own Sledge*) was produced in Moscow. From then until his death hardly a year passed without Ostrovsky writing a new play.

Although his reputation fluctuated over the years, his greatest popularity came in the years from 1856 to 1860, coinciding incidentally with that of his contemporaries Turgenev and Goncharov, and culminated in the first production of *Groza* (*The Storm*) at the end of 1859.

II

It is hardly to overstate the case to suggest that to all intents and purposes Ostrovsky was the founder of Russian national drama. Certainly greater playwrights preceded him; one thinks immediately of Griboedov, Gogol and Pushkin. But their plays were small in number and diverse in subject matter and can scarcely be said to form a distinctively Russian theatre. Ostrovsky on the other hand bequeathed his country a wide and varied repertory which dealt in the main with particularly Russian themes and national problems and phenomena. More than half of them are still regularly performed in the Soviet Union. This is explained partly by their 'Russianness' and partly by their qualities as plays and the many satisfying roles they provide for actors and actresses; but it is mainly because Ostrovsky was the first and arguably the best social realist to write for the stage in Russia – or anywhere else for that matter.

This is clear even from the early *A Family Affair*. While it contains no worthy characters at all and presents a negative view of the world, Ostrovsky stresses that such characters exist and behave in the way he describes and must be accepted as such. Nor, in the first half of his career especially, does he feel it necessary to ensure that good triumphs in the end or that the evil-doer is punished. Ostrovsky was only very rarely and then very reluctantly prepared to sacrifice what he saw as the dramatic truth of what he was writing to any extraneous considerations, be it tradition, the moral climate, or even the promptings of the censorship. He saw his duty as a dramatist in representing faithfully on the stage a certain section of the population with their special characteristics and problems and not necessarily to point to any moral that should be drawn. Although many of his later plays do have a specific point to make, even there it is done only implicitly. He also believed firmly that his fictional characters should, as far as was possible, speak on the stage just as their counterparts did in real life. The language he uses is vivid, down-to-earth, and convincingly real. It is also very colloquial and hence not easy to translate, which goes some of the way to explaining why few of his plays are ever successfully produced abroad.

A major innovation he introduced into the Russian theatre was that his plays generally have no obvious heroes and heroines or 'star' parts; or, expressed another way, he has a number of leading roles. Nearly all the characters have an equal role to play. Similarly, he only rarely has parts that are there simply to propel the action. (There is for example the mad lady in *The Storm* whose few lines are meant to intensify Katerina's feelings of guilt.) He attempted to put on the stage a group of people who would behave just as they would outside the theatre. If anything extraordinary happens, it is not forced upon the action but follows naturally from the specific events that are being related and the personalities of the characters he has created. As N. N. Strakhov, a contemporary of his, wrote: 'It is impossible to deduce any general principle for his plays . . . In them the most varied human relationships are represented . . . these relationships have their origins in the past and once they have come together conflicts inevitably arise . . . As for the outcome of these conflicts this is as a rule unforeseeable and often depends, as so often in real life, on the merest chance, some incident of no importance in itself.'

It is not infrequently suggested that Ostrovsky fails to be considered amongst the ranks of the great dramatists because his outlook is too negative, his plays lack 'poetry', and that he is too prosaic. But if he wanted to portray on the stage life as he saw it, and that life appeared to him to possess few positive features and was only too prosaic, then his aims might be questioned but very rarely their execution. Life, he thought, might be rather ordinary and most people run-of-the-mill, but this did not mean that their lives were unworthy of comment or did not possess any drama. But as in reality, such people and events were hardly ever on the grand scale. 'Truth is Beauty,' Tolstoy once wrote, and while that proposition might not necessarily be acceptable without question, Ostrovsky firmly believed that the truth was what his country needed, and that if it was unpalatable to the audience, then that was not his concern. It was not for the theatre to provide an escape from the humdrum nature of most people's lives but rather to reflect it honestly. Ostrovsky can be criticized, however, on the grounds that many of his stage characters lack any marked psychological depth and appear rather static. His plots too could never be called complex. Their development holds few surprises for the audience, and on occasion some of the techniques he employs are a little facile and unsophisticated. Yet none of this can detract from the crucial contribution made by Ostrovsky to the development of the theatre in Russia. By any standards he is a major dramatist.

III

Ostrovsky's father was a lawyer by profession and his practice was mainly among the merchant class. He lived in Moscow, on the south side of the river, in a district which was populated by merchants, minor civil servants and lawyers, many of whom were quite un-qualified. He offered inexpensive legal advice and his business prospered. When Ostrovsky was a young boy his friends were consequently drawn from among the sons of merchants and government officials. After his mother's death when he was eight, he spent more time in their homes than he did in his father's. This pattern continued even after his father married again, for his stepmother had little interest in her husband's children. The world Ostrovsky inhabited, therefore, was a peculiar one. In many respects it was more like the Russia of the Middle Ages rather than that of the mid-nineteenth century. Moscow was supposed to be a fairly civilized city but many of the merchants behaved differently. They acted more like the petty tyrants from whom they liked to think they so differed. They terrorized their families and their employees alike. Their sole objective was to make money, which they did by whatever means they could, legal or not, and they spent it on ostentatious living. Each of them ruled over his family and his business with an iron hand. They paid low wages and treated their subordinates more like slaves, controlling their lives completely. Yet they all presented to the world a façade of importance and a certain grandeur; they had a remarkable strength of character, and they cared not a whit for anyone else. This was the world Ostrovsky knew best. Never before had it been presented on the stage, and Ostrovsky felt almost instinctively that it would provide rich material for the theatre. This is the society he portrayed in his early plays, of which *The Storm* is unarguably the best and the most successful.

While other of Ostrovsky's plays of this period also depict petty government clerks corrupted by their masters or crushed by their domineering wives, as well as spendthrifts and self-seekers, heartless nobles, and victims of serfdom and poverty, the reception which *The Storm* received from the public and critics alike was coloured not only by what they had by then come to expect from him, but more particularly by a very influential article written by the radical critic N. A. Dobrolyubov in 1859 and entitled 'Temnoe tsarstvo' ('The Kingdom of Darkness'). In this review of the first ten years or so of Ostrovsky's theatrical career, Dobrolyubov argued that the most characteristic setting for an Ostrovsky play was the business world of Moscow with its mercenary ideals, its lack of education and culture, and its fearsome patriarchal abuses of its wide authority. To characterize the domestic and commercial despotism of this 'dark kingdom', Dobrolyubov used the word *samodurstvo*. Ostrovsky himself had used the word *samodur* in 1856 in the play *V chuzhom piru pokhmele* (*Drunk at a Foreign Feast*). He has one of the characters explain exactly what the word means by describing a wealthy businessman. His home has no happiness in it; he is a violent and authoritarian man; his heart is hard. He will listen to no one and will always have his own way. He will tap his foot on the ground and remind everyone that he is their master and they had better not forget it. Everyone must fall prostrate before him or take the inevitable consequences. Nor is the *samodur* overcome, as was perhaps the tradition with similar dramatic creations in the past, by the powers of rational thought or the triumph of young love.

Nonetheless, Dobrolyubov argued, Ostrovsky had done a great public service by portraying this section of Russian society, the old-fashioned and deeply conservative representatives of an embryonic middle class who were bred on superstition, ignorance, and cruelty.

Nor, one should add, is a *samodur* necessarily male. Indeed, two of the most striking examples of this type of personaltiy are women – the cruel, aristocratic guardian in *Vospitannitsa* (*The Ward*) of 1856, and of course the most monstrous of them all – Kabanova in *The Storm*.

Such then is the background against which Ostrovsky set his story of the unhappy Katerina and which is partially the cause of her tragic death.

IV

The Storm takes place in the fictional town of Kalinov on the banks of the River Volga, although it is clearly based on real towns Ostrovsky had observed in his visits to the area. The play has five acts. Act I is set in a public park where Kuligin, Kudryash and Shapkin talk, and first mention is made of Dikoi and Kabanova. Dikoi's nephew Boris, the only character in the play to have had a proper education, describes and bemoans the tyranny under which he is forced to live in his uncle's house. He hates his life, but, such is the power of Dikoi over him, there is nothing he can do about it. He is in love with Katerina, the wife of Tikhon, both of whose lives are ruled as much by Tikhon's mother Kabanova as is Boris's by Dikoi. Katerina is friends with Tikhon's sister Varvara who is the only person to show any strong opposition to the forces which govern their lives. Katerina tells Varvara that she is not in love with her husband but with someone else and that she feels this is a sin. She is very unhappy and fears that something terrible will befall her. Varvara knows full well that the 'someone else' is Boris. A thunderstorm approaches. In this first act, all the main themes of the play have been established and all the leading personages introduced, and, with the exception of Boris, clearly characterized.

Act II takes place in the Kabanova house and is the only one not to be set out of doors. Tikhon is about to leave on a business trip and Katerina, not trusting herself to refrain from seeing Boris during his absence, is almost in despair and begs him to take her with him. Tikhon refuses and departs. Varvara has obtained a key to the garden gate of Kabanova's house and gives it to Katerina, encouraging her to see Boris secretly. After vainly trying to overcome her deep longing for love, happiness and freedom, Katerina ends the act by saying 'come what may, I am going to see Boris'.

The progress of the story is initially slowed down in Act III, an act which has two sections. In the first there is more development and description of the savage characters of Kabanova and Dikoi and it is clear that Katerina's position is a hopeless one. The audience also learns more about Boris and Kuligin. Varvara tells Boris to meet her secretly that night. The second part of the act takes place later the same day in the ravine below the Kabanova house. Varvara and Kudryash, and Katerina and Boris, are at last able to be alone together, beyond the sight of Kabanova and Dikoi and away from their malevolent influence.

In Act IV Tikhon returns home earlier than expected. The thunderstorm draws ever closer, ominously reflecting the increase in Katerina's despair, confusion, and guilt. She confesses her love for Boris to Kabanova and Tikhon. There is a clap of thunder.

In the final act the setting is the same as in Act I although the time is now nightfall. Tikhon is unable to think straight, nor does he know what to do, for fear of his mother's reaction. Boris is about to be dispatched to the furthest frontiers of Asiatic Russia by Dikoi, and Varvara has eloped with Kudryash. The main action however centres on the utterly distraught Katerina. She pleads with Boris somehow to take her with him, but just as Tikhon had refused her desperate request in Act II, so now does Boris. It is quite impossible for him to take her with him, because of the attitude of Dikoi. Katerina thinks for a long time about death and finally commits suicide by throwing herself into the Volga. Tikhon at last shows genuine sympathy and grief for Katerina and blames his mother for her fate. But what is left for him now? The powers of darkness and oppression reign triumphant.

V

First and foremost, *The Storm* is a play about conflict and contrast. The most prominent are those between the *samodur* and the rest of society and between authority and freedom. They can also be seen as differences between the old and the young, between love and duty, conservatism and innovation, beauty and the arts and staleness and stagnation. All of these are seen most clearly on the one hand in the depiction of Kabanova and Dikoi, both of whom personify injustice, cruelty, ignorance and intolerance, and on the other in Katerina, Varvara, Kudryash, Kuligin, Boris and Tikhon, all of whom in their various ways either try to oppose the status quo or have to submit to it. Dikoi is vindictive and selfish; he oppresses and swindles others, and his power over them is based almost entirely on fear. Yet even he is not secure; he himself is also afraid. He fears change and innovation because they pose a threat to his position and influence. Consequently he brooks absolutely no opposition to his ideas and wishes. He rants and rages and dismisses others and their point of view not by any reasoned argument or sensible discussion but by terrorizing them into submission. He is a bully and a drunkard and seeks the friendship and, even more, the support of Kabanova. She is even more of a *samodur* than he is. She is not afraid of anyone or anything. She has a rigid code of behaviour – for herself and for others – to which she unfailingly adheres. She has no compunction whatsoever about making those beneath her bow to her will, and the lives of those who dare to oppose her are made even more of a misery. She treats Tikhon and Varvara, her own children, in exactly the same pitiless fashion as she does the hapless Katerina. Any unhappiness which results from the infliction of her own old-fashioned, oppressive standards on others is their fault and not hers. The young must obey their elders, and wives must obey their husbands. In each case the latter, almost by definition, know better.

More to the point, however, is the fact that everyone must obey *her*. Just as with Dikoi, her power over others is based upon fear. With her position in her household and in the society of Kalinov firmly established, the only recourse for others is to submit to her will or somehow to escape from her altogether. Whenever she proves too much for Tikhon, all he can do is agree with her or leave for a short while in the hope of finding relief in a drinking spree; Varvara runs away with Kudryash; Kuligin might object to her on occasions but he is well aware of just how far he can go; and Katerina, the most sensitive and appealing of all the characters, can only find release in death. Of all the leading characters who will continue to live in Kalinov, only Kabanova and Dikoi survive intact. It is a far from happy picture.

In his second article on Ostrovsky, 'Luch sveta v temnom tsarstve' ('A Ray of Light in the Kingdom of Darkness'), Dobrolyubov saw the conflict between the *samodur* and the rest, or that between authority and freedom, satisfactorily resolved in Katerina's suicide. This view might well be questioned. Whether it is the only response, let alone whether or not it is actually justified or what Ostrovsky himself intended, is debatable. A convincing protest against characters such as Kabanova and Dikoi can hardly be made by suicide. It might have its metaphorical importance but it does not in fact change anything. It might increase the desire for change, but Ostrovsky offers no other solution. It is an empty gesture whose influence on those it was meant to impress, or whose evil nature it was meant to highlight, comes to nought.

If Dobrolyubov's view of Katerina might be criticized, the problem of her fate nonetheless remains. She was brought up in a town not unlike Kalinov. She had known happiness before her marriage and she is imbued with religious feeling. Her education had been very limited and her life constricted in the extreme. She knows little of the world and is rather immature and naïve. She had never felt free yet longs for freedom. Indeed, her wish that people could fly is an expression of this longing. She wishes she could escape down the Volga, and from the very beginning the river becomes a symbol for her of the release she so desires. It is ultimately and ironically to provide it. She does not have a strong character and cannot counter either the demands of Kabanova or the immoral promptings of Varvara. She is married to Tikhon, a man she does not love. She is attracted to Boris and they become lovers. Her religious upbringing, however, had been so strict that she soon experiences overwhelming feelings of guilt and of sin. But she does not know why. She acts not from reason but from feeling. She cannot cope with her problem intellectually and lives by the dictates of the heart. She is honest and straightforward and she yearns for love. She sees her opportunity with Boris even though she resists it initially. He could provide her with an escape from her unhappy life. But once she realizes that she is in love with him, and especially after they have become lovers, her religious nature and upbringing begin to torment her and make her life increasingly unbearable. She grows more and more confused, even slightly deranged. Her suicide might be seen not so much as a protest against the awful conditions in which she lives, with her existence dominated beyond all reason by Kabanova, as Dobrolyubov would have us believe, but rather more as a consequence of her inability to cope with the guilt she feels at having betrayed her husband. Her religious faith may delay her for a time, but in the end it does not prove strong enough to prevent her from taking that last irrevocable step. Her tragedy might have its social causes, but ultimately it results in great measure from the inadequacies of her character.

Katerina's fate is further compounded by the inadequacies of both her husband and her lover. Neither of them has the strength of character, the emotional resources or the imagination to be able satisfactorily to cope with her behaviour or her yearnings. Tikhon is a kind-hearted man who genuinely loves Katerina, but he is completely dominated by his mother and his actions are always ruled by fear of what she might say or do. He has no will of his own and he seeks solace from his domestic sufferings in drinking and dreaming of escape. He does though have one brief moment of triumph when, after Katerina's death, he publicly condemns Kabanova for her 'murder' of his wife. This emotional outburst is all the more dramatic as it is made by a usually timid and ineffectual man. Kabanova's only response is that she will speak to him when they get home. It is clear from this ominous statement that Tikhon's life will immediately return to its mother-dominated pattern. There is a similar picture with Boris. He is as weak-willed and submissive as Tikhon, and his thoughts and actions are all governed by his fear of his uncle, Dikoi. His love for Katerina is as sincere as Tikhon's but it is equally shallow. He hasn't the strength of character to take on the responsibilities that her love demands. He refuses to take Katerina away with him or help relieve her torment in any way. Although well-educated and civilized, in such contrast to everyone else in the play – probably this is part of his attraction to Katerina as well – he is helpless to save her when asked and thus contributes to her death by default.

The other leading characters, Varvara, Kuligin and Kudryash, are in many respects a contrast to Dikoi, Kabanova, Katerina, Tikhon and Boris. They not only react rather differently to their social situation, but they are also different in personality. Varvara is a young woman, limited in intelligence, education and personality. She copes with the restrictions imposed on her by her mother not by submission like her brother Tikhon, but by cunning and deception, and she is even proud when she manages to get away with it. Her relations with men are usually limited to the physical, and she does not have the religious scruples which so concern Katerina. Indeed it is Varvara who encourages Katerina in her 'immoral' liaison with Boris and who arranges their secret meetings. She condemns Kabanova for her cruel treatment of Katerina and shows nothing but scorn towards Tikhon because he did nothing to help her. Her affection for Kudryash, combined with his refusal to bow to circumstances, provides her with an escape from the oppression of her home life. One has the suspicion that if the opportunity had not arisen through Kudryash, she would sooner or later have found another. Her spirit is admirable although her behaviour often leaves something to be desired.

Kudryash is a happy-go-lucky young man of little education but much common sense. He loves life and knows instinctively how best to deal with other people. He loves beauty and music. He is not afraid of what Dikoi might do but realizes that Kabanova's power is greater. He foresees what Kabanova would do to Katerina if she knew the true position between the two lovers and he tries to persuade Boris not to pursue his affection for her. Kudryash does this less for Boris' sake than for Katerina's because he sees her as the more vulnerable. He is the most outward-looking and least self-centred character in the play. Kuligin is similar in many respects to Kudryash in his love of life and of nature, his tempered optimism, and his refusal to accept the all-too-negative aspects of their life. He is an enthusiastic, self-taught man and he retains a certain attractive naïvete. He also has a social conscience, alone among the inhabitants of Kalinov. While certainly fearing Dikoi and Kabanova, he nevertheless has the courage to speak out against their tyranny. Never, however, does he have the strength of character really to oppose them. He hopes that one day things will improve but believes that for the time being discretion and patience will pay greater dividends.

VI

Ostrovsky's choice of names for some of his characters should not pass unnoticed. The meanings they suggest or the connotations they have are not without significance. Dikoi comes from *dikii*, meaning 'wild' or 'savage', and in some Russian dialects it also suggests stupidity or even mild insanity. The alternative name given to Kabanova is Kabanikha. *Kaban* is a wild boar and the feminine diminutive suffix -*ikha* makes such a name even more fearsome and threatening. The name Tikhon is plainly derived from *tikhii*, indicating that he is a quiet man, meek and mild. And Varvara in its Greek form can denote a lack of culture, or an absence of the social graces. This neo-classical device of giving names that denote character was something Ostrovsky frequently employed in his plays despite his quest for a greater realism on the Russian stage.

VII

The text of *The Storm* reproduced in this edition is that as printed in
A. N. Ostrovsky, *Groza*, ed. Norman Henley (Bradda, Letchworth,
1963) and verified from A. N. Ostrovsky, *Polnoe sobranie sochinenii v dvenadtsati tomakh*, vol. 2 (Moscow, 1974), pp. 209–65.
With only a limited number of alterations and the standardization of
spelling, punctuation and orthography, it is the same as the original
version published in the January number of the journal *Biblioteka
dlya chteniya* in 1860. The only exception is that I have spelt *Bog*
and *Gospod'* with initial capital letters.

With the exception of prepositions where the stress falls on the
word or words with which the preposition combines, all words of
more than one syllable have the stress marked with an acute accent.
The pronunciation of **e** as **o** is indicated by a diaeresis: всё, тёмный.

I would like to thank Michael Holman for the initial suggestion
that I should prepare this edition and particularly for all his help and
guidance during its completion. I am also extremely grateful to
Sheila Armer for typing my manuscript at an otherwise very busy
time; her cheerfulness and accuracy are an example to us all.

A.V.K.
Liverpool

GUIDE TO FURTHER READING

Dobrolyubov, N. A., 'Temnoe tsarstvo', in *Russkie klassiki*, ed. Yu. G. Oksman, Nauka, Moscow, 1970, pp. 70–188. The influential review of Ostrovsky's major plays written before *The Storm*. His subsequent article on *The Storm* specifically, 'Luch sveta v temnom tsarstve', is in the same edition, pp. 231–330.

Hanson, L., *Artistes and Admirers*. Manchester University Press, Manchester and New York, 1970, pp. vii–xxxvi. Intended as an introduction to a translation of *Talanty i poklonniki*, a very good treatment of Ostrovsky as a whole.

Hoover, Marjorie L., *Alexander Ostrovsky*, Twayne, Boston, 1981, pp. 53–61, especially. The best discussion of Ostrovsky's works available in English.

Kholodov, E. G., 'A. N. Ostrovskii v 1855–1865 godakh', in A. N. Ostrovskii, *Polnoe sobranie sochinenii v dvenadtsati tomakh*, t.2, Iskusstvo, Moscow, 1974, pp. 658–90.

Lakshin, V. Ya., *A. N. Ostrovskii*. Iskusstvo, Moscow, 1976. A good general biography with rather less about the plays than about Ostrovsky's life. *The Storm* is dealt with on pp. 341–66.

Literaturnoe nasledstvo, vol. 88 (in two volumes), Nauka, Moscow, 1974; 'A. N. Ostrovskii: novye materialy i issledovaniya'. Much fascinating material about Ostrovsky's life and works.

Lotman, L. M., *A. N. Ostrovskii i russkaya dramaturgiya ego vremeni*, Akademiya nauk, Leningrad, 1961. Basic discussion of Ostrovsky from a traditional Soviet point of view and none the worse for that.

Pisarev, D. I., 'Motivy russkoi dramy', in *Sochineniya*, t.2, Moscow, 1955–6, pp. 366–95. The counter-argument to Dobrolyubov; Pisarev insists that Katerina's suicide has no conscious protest.

Revyakin, A. I. (ed.), *A. N. Ostrovskii v vospominaniyakh sovremennikov*, Gosudarstvennoe izdatel'stvo khudozhestvennoi literatury, Moscow, 1966.

Shtein, A. L., *Master russkoi dramy*, Sovetskii pisatel', Moscow, 1973. Thought-provoking articles on various of Ostrovsky's plays, together with a largely successful attempt to fit him into his rightful place in Russian literature.

Vladykin, A. I. (ed.), *A. N. Ostrovskii v russkoi kritike*, Gosudarstvennoe izdatel'stvo khudozhestvennoi literatury, Moscow, 1966.

The following more general works also contain material on Ostrovsky.

Cooper, J., 'Ostrovsky and *Thunder*', in *Four Russian Plays*, Penguin, Harmondsworth, 1972, pp. 34–9.

Mirsky, D. S., *A History of Russian Literature*, Routledge and Kegan Paul, London, 1949. Ostrovsky is discussed on pp. 234–9.

Slonim, Marc, *Russian Theater: From the Empire to the Soviets*, Methuen, London, 1963; especially pp. 73–80.

Wettlin, Margaret, 'Alexander Ostrovsky and the Russian Theatre before Stanislavsky', in *Alexander Ostrovsky: Plays*, Progress, Moscow, 1974, pp. 7–79.

There have been a number of translations of *Groza* into English and all of them highlight the difficulty of rendering Ostrovsky's idiomatic and colloquial Russian into satisfactory English. Two of the bravest efforts are: J. Cooper, *Thunder*, in *Four Russian Plays*, Penguin, Harmondsworth, 1972, pp. 319–92; and Margaret Wettlin, *The Storm*, in *Alexander Ostrovsky: Plays*, Progress, Moscow, 1974, pp. 159–251.

А. Н. ОСТРОВСКИЙ

ГРОЗА

ЛИЦА*

САВЁЛ ПРОКО́ФЬЕВИЧ ДИКО́Й
купе́ц, значи́тельное лицо́ в го́роде.
БОРИ́С ГРИГО́РЬЕВИЧ
племя́нник его́, молодо́й челове́к, поря́дочно
образо́ванный.
МА́РФА ИГНА́ТЬЕВНА КАБАНО́ВА (КАБАНИ́ХА)
бога́тая купчи́ха, вдова́.
ТИ́ХОН ИВА́НЫЧ КАБАНО́В
её сын.
КАТЕРИ́НА
жена́ его́.
ВАРВА́РА
сестра́ Ти́хона.
КУЛИ́ГИН
мещани́н, часовщи́к-самоу́чка, оты́скивающий
перпе́туум-мо́биле.
ВА́НЯ КУДРЯ́Ш
молодо́й челове́к, конто́рщик Дико́ва.[1]
ША́ПКИН
мещани́н.

ФЕКЛУ́ША
стра́нница.

ГЛА́ША
де́вка в до́ме Кабано́вой.

БА́РЫНЯ С ДВУМЯ́ ЛАКЕ́ЯМИ
стару́ха 70-ти лет, полусумасше́дшая.

ГОРОДСКИ́Е ЖИ́ТЕЛИ ОБО́ЕГО ПО́ЛА.[2]

Де́йствие происхо́дит в го́роде Кали́нове,[3] на берегу́ Во́лги, ле́том.
Ме́жду 3-м и 4-м де́йствиями прохо́дит 10 дней.

*Все ли́ца, кро́ме Бори́са, оде́ты по-ру́сски. (Примеча́ние а́втора.)

ДЕЙСТВИЕ ПЕРВОЕ

Общественный сад на высоком берегу Волги, за Волгой сельский вид. На сцене две скамейки и несколько кустов.

ЯВЛЕНИЕ ПЕРВОЕ

Кулигин сидит на скамье и смотрит за реку. Кудряш и Шапкин прогуливаются.

Кулигин (*поёт*). «Среди долины ровныя, на гладкой высоте...»[4] (*Перестаёт петь.*) Чудеса, истинно надобно сказать, что чудеса! Кудряш! Вот, братец[5] ты мой, пятьдесят лет· я каждый день гляжу за Волгу и всё наглядеться[6] не могу.

Кудряш. А что?

Кулигин. Вид необыкновенный! Красота! Душа радуется.

Кудряш. Нешто!

Кулигин. Восторг! А ты: «нешто!» Пригляделись вы, либо не понимаете, какая красота в природе разлита.

Кудряш. Ну, да ведь с тобой что толковать! Ты у нас антик, химик!

Кулигин. Механик, самоучка-механик.

Кудряш. Всё одно.

Молчание.

5

Кули́гин (*пока́зывая в сто́рону*). Посмотри́-ка, брат Кудря́ш, кто э́то там так рука́ми разма́хивает?

Кудря́ш. Это? Это Дико́й племя́нника руга́ет.

Кули́гин. Нашёл ме́сто![8]

Кудря́ш. Ему́ везде́ ме́сто. Бои́тся, что́ ль, он кого́![9] Доста́лся ему́ на же́ртву Бори́с Григо́рьич, вот он на нём и е́здит.

Ша́пкин. Уж тако́го-то руга́теля, как у нас Савёл Проко́фьич, поиска́ть ещё! Ни за что́ челове́ка оборвёт.

Кудря́ш. Пронзи́тельный мужи́к!

Ша́пкин. Хороша́ то́же и Кабани́ха.

Кудря́ш. Ну, да та хоть, по кра́йности, всё под ви́дом благоче́стия, а э́тот как с цепи́ сорва́лся!

Ша́пкин. Уня́ть-то его́ не́кому, вот он и вою́ет!

Кудря́ш. Ма́ло у нас парне́й-то на мою́ стать, а то бы мы его́ озорнича́ть-то отучи́ли.

Ша́пкин. А что́ бы вы сде́лали?

Кудря́ш. Постраща́ли бы хороше́нько.

Ша́пкин. Как э́то?

Кудря́ш. Вчетверо́м э́так, впятеро́м в переу́лке где́-нибудь поговори́ли бы с ним с гла́зу на глаз,[10] так он бы шёлковый сде́лался. А про на́шу нау́ку-то и не пи́кнул бы никому́, то́лько бы ходи́л да огля́дывался.

Ша́пкин. Неда́ром он хоте́л тебя́ в солда́ты-то отда́ть.

Кудря́ш. Хоте́л, да не о́тдал, так э́то всё одно́, что ничего́. Не отда́ст он меня́, он чу́ет но́сом-то свои́м, что я свою́ го́лову дёшево не прода́м. Это он вам стра́шен-то, а я с ним разгова́ривать уме́ю.

Ша́пкин. Ой ли?

6

Кудря́ш. Что́ тут: о́й ли! Я грубия́н счита́юсь, за что́ ж он меня́ де́ржит? Ста́ло быть, я ему́ ну́жен. Ну, зна́чит, я его́ и не бою́сь, а пуща́й же он меня́ бои́тся.

Ша́пкин. Уж бу́дто он тебя́ и не руга́ет?

Кудря́ш. Как не руга́ть! Он без э́того дыша́ть не мо́жет. Да не спуска́ю и я: он — сло́во, а я — де́сять; плю́нет, да и пойдёт.[11] Нет, уж я перед ним ра́бствовать не ста́ну.

Кули́гин. С него́, что́ ль, приме́р брать! Лу́чше уж стерпе́ть.

Кудря́ш. Ну вот, коль ты умён, так ты его́ пре́жде учли́вости-то вы́учи, да пото́м и нас учи́. Жаль, что до́чери-то у него́ подро́стки, больши́х-то ни одно́й нет.

Ша́пкин. А то что́ бы?[12]

Кудря́ш. Я б его́ уважи́л. Бо́льно лих я на де́вок-то!

Прохо́дят Дико́й и Бори́с. Кули́гин снима́ет ша́пку.

Ша́пкин (*Кудря́шу*). Отойдём к стороне́: ещё привя́жется, пожа́луй.

Отхо́дят.

ЯВЛЕ́НИЕ ВТОРО́Е

Те же, Дико́й и Бори́с.

Дико́й. Баклу́ши ты, что́ ль, бить сюда́ прие́хал! Дармое́д! Пропади́ ты про́падом!

Бори́с. Пра́здник; что́ до́ма-то де́лать!

Дико́й. Найдёшь де́ло, как захо́чешь. Раз тебе́ сказа́л, два тебе́ сказа́л: «Не смей мне навстре́чу попада́ться»; тебе́ всё неймётся! Ма́ло тебе́ ме́ста-то? Куда́ ни поди́, тут ты и есть![13] Тьфу ты, прокля́тый! Что ты, как столб стои́шь-то! Тебе́ говоря́т,[14] аль нет?

Бори́с. Я и слу́шаю, что́ ж мне де́лать ещё!

Дико́й (*посмотре́в на Бори́са*). Провали́сь ты! Я с тобо́й и говори́ть-то не хочу́, с езуи́том. (*Уходя́.*) Вот навяза́лся! (*Плюёт и ухо́дит.*)

ЯВЛЕ́НИЕ ТРЕ́ТЬЕ

Кули́гин, Бори́с, Кудря́ш и Ша́пкин.

Кули́гин. Что́ у вас, су́дарь, за дела́ с ним? Не поймём мы ника́к. Охо́та вам жить у него́ да брань переноси́ть.

Бори́с. Уж кака́я охо́та, Кули́гин! Нево́ля.

Кули́гин. Да кака́я же нево́ля, су́дарь, позво́льте вас спроси́ть. Ко́ли мо́жно, су́дарь, так скажи́те нам.

Бори́с. Отчего́ ж не сказа́ть? Зна́ли ба́бушку на́шу, Анфи́су Миха́йловну?

Кули́гин. Ну, как не знать!

Кудря́ш. Как не знать!

Бори́с. Ба́тюшку она́ ведь невзлюби́ла за то́, что он жени́лся на благоро́дной. По э́тому-то слу́чаю ба́тюшка с ма́тушкой и жи́ли в Москве́. Ма́тушка расска́зывала, что она́ трёх дней не могла́ ужи́ться с роднёй, уж о́чень ей ди́ко каза́лось.

Кули́гин. Ещё бы не ди́ко! Уж что́ говори́ть![15] Большу́ю привы́чку ну́жно, су́дарь, име́ть.

Бори́с. Воспи́тывали нас роди́тели в Москве́ хорошо́, ничего́ для нас не жале́ли. Меня́ о́тдали в Комме́рческую акаде́мию,[16] а сестру́ в пансио́н, да о́ба вдруг и у́мерли в холе́ру, мы с сестро́й сиро́тами и оста́лись. Пото́м мы слы́шим, что и ба́бушка здесь умерла́ и оста́вила завеща́ние, чтобы дя́дя нам вы́платил часть, какую следует, когда мы придём в совершеннолетие, только с условием.

Кулигин. С каким же, сударь?

Борис. Если мы будем к нему почтительны.

Кулигин. Это значит, сударь, что вам наследства вашего не видать никогда.

Борис. Да нет, этого мало,¹⁷ Кулигин! Он прежде наломается над нами, надругается всячески, как его душе угодно, а кончит всё-таки тем, что не даст ничего или так, какую-нибудь малость. Да ещё станет рассказывать, что из милости дал, что и этого бы не следовало.

Кудряш. Уж это у нас в купечестве такое заведение. Опять же, хоть бы вы и были к нему почтительны, нешто кто ему запретит сказать-то, что вы непочтительны?

Борис. Ну да. Уж он и теперь поговаривает иногда: «У меня свои дети, за что я чужим деньги отдам? Чрез это я своих обидеть должен!»

Кулигин. Значит, сударь, плохо ваше дело.

Борис. Кабы я один, так бы ничего! Я бы бросил всё да уехал. А то сестру жаль. Он было¹⁸ и её выписывал, да матушкины родные не пустили, написали, что больна. Какова бы ей здесь жизнь была — и представить страшно.

Кудряш. Уж само собой. Нешто они обращение понимают?

Кулигин. Как же вы у него живёте, сударь, на каком положении?

Борис. Да ни на каком: «Живи, говорит, у меня, делай, что прикажут, а жалованья, что положу». То есть через год разочтёт, как ему будет угодно.

9

Кудря́ш. У него́ уж тако́е заведе́ние. У нас никто́ и пи́кнуть не смей[19] о жа́лованье, изруга́ет на чём свет стои́т. «Ты, говори́т, почём зна́ешь, что я на уме́ держу́? Не́што ты мою́ ду́шу мо́жешь знать! А мо́жет, я приду́ в тако́е расположе́ние, что тебе́ пять ты́сяч дам». Вот ты и поговори́ с ним! То́лько ещё он во всю свою́ жизнь ни ра́зу в тако́е-то расположе́ние не приходи́л.

Кули́гин. Что ж де́лать-то, су́дарь! На́до стара́ться угожда́ть ка́к-нибудь.

Бори́с. В то́м-то и де́ло, Кули́гин, что ника́к невозмо́жно. На него́ и свой-то ника́к угоди́ть не мо́гут; а уж где ж мне![20]

Кудря́ш. Кто ж ему́ угоди́т, ко́ли у него́ вся жизнь осно́вана на руга́тельстве? А уж пу́ще всего́ из-за де́нег; ни одного́ расчёта без бра́ни не обхо́дится. Друго́й рад от своего́ отступи́ться, то́лько бы он уня́лся. А беда́, как его́ поутру́ кто-нибудь рассе́рдит! Це́лый день ко всем придира́ется.

Бори́с. Тётка ка́ждое у́тро всех со слеза́ми умоля́ет: «Ба́тюшки, не рассерди́те! голу́бчики, не рассерди́те!»

Кудря́ш. Да не́што убережёшься! Попа́л на база́р, вот и коне́ц! Всех мужико́в переруга́ет. Хоть в убы́ток проси́, без бра́ни всё-таки не отойдёт. А пото́м и пошёл на весь день.

Ша́пкин. Одно́ сло́во: во́ин!

Кудря́ш. Ещё како́й во́ин-то!

Бори́с. А вот беда́-то, когда́ его́ оби́дит тако́й челове́к, кото́рого он обруга́ть не сме́ет; тут уж дома́шние держи́сь!

Кудря́ш. Ба́тюшки! Что сме́ху-то бы́ло! Ка́к-то его́ на Во́лге на перево́зе гуса́р обруга́л. Вот чудеса́-то твори́л![21]

Бори́с. А каково́ дома́шним-то бы́ло! По́сле э́того две неде́ли все пря́тались по чердака́м да по чула́нам.

Кули́гин. Что́ э́то? Ника́к наро́д от вече́рни тро́нулся?

Прохо́дят не́сколько лиц в глубине́ сце́ны.

Кудря́ш. Пойдём, Ша́пкин, в разгу́л! Что́ тут стоя́ть-то?

Кла́няются и ухо́дят.

Бори́с. Эх, Кули́гин, бо́льно тру́дно мне здесь, без привы́чки-то! Все на меня́ ка́к-то ди́ко смо́трят, то́чно я здесь ли́шний, то́чно меша́ю им. Обы́чаев я зде́шних не зна́ю. Я понима́ю, что всё э́то на́ше ру́сское, родно́е, а всё-таки не привы́кну ника́к.

Кули́гин. И не привы́кнете никогда́, су́дарь.

Бори́с. Отчего́ же?

Кули́гин. Жесто́кие нра́вы, су́дарь, в на́шем го́роде, жесто́кие! В меща́нстве, су́дарь, вы ничего́, кро́ме гру́бости да бе́дности наго́льной, не уви́дите. И никогда́ нам, су́дарь, не вы́биться из э́той коры́! Потому́ что че́стным трудо́м никогда́ не зарабо́тать нам бо́льше насу́щного хле́ба. А у кого́ де́ньги, су́дарь, тот стара́ется бе́дного закабали́ть, что́бы на его́ труды́ даровы́е ещё бо́льше де́нег нажива́ть. Зна́ете, что ваш дя́дюшка, Саве́л Проко́фьич, городни́чему отвеча́л? К городни́чему мужички́ пришли́ жа́ловаться, что он ни одного́ из них путём не разочтёт. Городни́чий и стал ему́ говори́ть: «Послу́шай, говори́т, Саве́л Прокофьич, рассчи́тывай ты мужико́в хороше́нько! Ка́ждый день ко мне с жа́лобой хо́дят!» Дя́дюшка ваш потрепа́л городни́чего по плечу́, да и говори́т: «Сто́ит ли, ва́ше высокоблаго-

11

ро́дие, нам с ва́ми об таки́х пустяка́х разгова́ривать! Мно́го у меня́ в год-то наро́ду перебыва́ет; вы то пойми́те: не доплачу́[22] я им по како́й-нибудь копе́йке на челове́ка, а у меня́ из э́того ты́сячи составля́ются,[23] так оно́ мне и хорошо́!» Вот как, су́дарь! А между собо́й-то, су́дарь, как живу́т! Торго́влю друг у дру́га подрыва́ют, и не сто́лько из коры́сти, ско́лько из за́висти. Вражду́ют друг на дру́га; залуча́ют в свои́ высо́кие-то[24] хоро́мы пья́ных прика́зных, таки́х, су́дарь, прика́зных, что и ви́ду-то челове́ческого на нём нет, обли́чье-то челове́ческое исте́ряно. А те им, за ма́лую благосты́ню, на ге́рбовых листа́х зло́стные кля́узы стро́чат на бли́жних. И начнётся у них, су́дарь, суд да де́ло, и несть конца́ муче́ниям. Су́дятся-су́дятся здесь, да в губе́рнию пое́дут, а там уж их ждут да от ра́дости рука́ми пле́щут. Ско́ро ска́зка ска́зывается, да не ско́ро де́ло де́лается: во́дят их, во́дят, волоча́т их, волоча́т; а они́ ещё и ра́ды э́тому волоче́нью, того́ то́лько им и на́добно. «Я, говори́т, потра́чусь, да уж и ему́ ста́нет в копе́йку». Я было хоте́л всё э́то стиха́ми изобрази́ть...

Бори́с. А вы уме́ете стиха́ми?

Кули́гин. По-стари́нному, су́дарь. Поначита́лся-таки Ломоно́сова, Держа́вина ...[25] Мудре́ц был Ломоно́сов, испыта́тель приро́ды... А ведь то́же из на́шего, из просто́го зва́ния.

Бори́с. Вы бы и написа́ли. Это бы́ло бы интере́сно.

Кули́гин. Как мо́жно, су́дарь! Съедя́т, живо́го проглотя́т. Мне уж и так, су́дарь, за мою́ болтовню́ достаётся; да не могу́, люблю́ разгово́р рассыпа́ть! Вот ещё про семе́йную жизнь хоте́л я вам, су́дарь, рассказа́ть; да когда́-нибудь в друго́е вре́мя. А то́же есть что послу́шать.

Вхо́дят Феклу́ша и друга́я же́нщина.

Феклу́ша. Бла-але́пие, ми́лая, бла-але́пие! Красота́ ди́вная! Да что уж говори́ть! В обетова́нной земле́ живёте! И купе́чество всё наро́д благочести́вый, доброде́телями мно́гими укра́шенный! Ще́дростью и подая́ниями мно́гими! Я так дово́льна, так, ма́тушка, дово́льна, по го́рлушко! За на́ше неоставле́ние им ещё бо́льше щедро́т приумно́жится; а осо́бенно до́му Кабано́вых.

Ухо́дят.

Бори́с. Кабано́вых?

Кули́гин. Ханжа́, су́дарь! Ни́щих оделя́ет, а дома́шних зае́ла совсе́м. (*Молча́ние.*) То́лько б мне, су́дарь, перпе́ту-мо́биль найти́!

Бори́с. Что ж бы вы сде́лали?

Кули́гин. Ка́к же, су́дарь! Ведь англича́не миллио́н даю́т; я бы все де́ньги для о́бщества и употреби́л, для подде́ржки. Рабо́ту на́до дать меща́нству-то. А то ру́ки есть, а рабо́тать не́чего.

Бори́с. А вы наде́етесь найти́ перпе́туум-мо́биле?

Кули́гин. Непреме́нно, су́дарь! Вот то́лько бы тепе́рь на моде́ли деньжо́нками раздобы́ться. Проща́йте, су́дарь! (*Ухо́дит.*)

ЯВЛЕ́НИЕ ЧЕТВЁРТОЕ

Бори́с (*оди́н*). Жаль его́ разочаро́вывать-то! Како́й хоро́ший челове́к! Мечта́ет себе́ и сча́стлив. А мне, ви́дно, так и загуби́ть[26] свою́ мо́лодость в э́той трущо́бе.

Уж ведь совсём убитый хожу́, а тут ещё дурь в го́лову лéзет! Ну, к чему́ приста́ло! мне ли уж нéжности заводи́ть? За́гнан, забит, а тут ещё сду́ру-то влюбля́ться вздумал. Да в кого? В жéнщину, с кото́рой да́же и поговори́ть-то никогда́ не уда́стся. (*Молча́ние.*) А всё-таки нейдёт она́ у меня́ из головы́, хоть ты что хо́чешь. Вот она́! Идёт с му́жем, ну и свекро́вь с ни́ми! Ну, не дура́к ли я! Погляди́ из-за угла́, да и ступа́й домо́й. (*Ухо́дит.*)

С противополо́жной стороны́ вхо́дят Кабано́ва, Кабано́в, Катери́на и Варва́ра.

ЯВЛÉНИЕ ПЯ́ТОЕ

Кабано́ва, Кабано́в, Катери́на и Варва́ра.

Кабано́ва. Éсли ты хо́чешь мать послу́шать, так ты, как прие́дешь туда́, сде́лай так, как я тебé прика́зывала.

Кабано́в. Да ка́к же я могу́, ма́менька, вас ослу́шаться!

Кабано́ва. Не о́чень-то ны́нче ста́рших уважа́ют.

Варва́ра (*про себя́*). Не ува́жишь тебя́, ка́к же!

Кабано́в. Я, ка́жется, ма́менька, из ва́шей во́ли ни на шаг.

Кабано́ва. Повéрила бы я тебé, мой друг, кабы́ свои́ми глаза́ми не вида́ла да свои́ми уша́ми не слыха́ла, каково́ тепéрь ста́ло почтéние роди́телям от детéй-то! Хоть бы то́-то по́мнили, ско́лько ма́тери болéзней от детéй перено́сят.

Кабано́в. Я, ма́менька...

14

Кабанóва. Éсли родúтельница чтó когдá и обúдное, по вáшей гóрдости, скáжет, так, я дýмаю, мóжно бы перенестú! А, как ты дýмаешь?

Кабанóв. Да когдá же я, мáменька, не переносúл от вас?

Кабанóва. Мать старá, глупá; ну, а вы, молодúе лúди, ýмные, не должнú с нас, дуракóв, и взúскивать.

Кабанóв (вздыхáя, в стóрону). Ах ты, Гóсподи! (Мáтери.) Да смéем ли мы, мáменька, подýмать!

Кабанóва. Ведь от любвú родúтели и строгú-то к вам бывáют, от любвú вас и бранúт-то, всё дýмают добрý научúть. Ну, а ýто нúнче не нрáвится.[27] И пойдýт дéтки-то пó людям слáвить, что мать ворчýнья, что мать прохóду не даёт, сó свету сживáет. А, сохранú Гóсподи, какúм-нибудь слóвом снохé не угодúть, ну, и пошёл разговóр, что свекрóвь заéла совсéм.

Кабанóв. Нéшто, мáменька, кто говорúт про вас?

Кабанóва. Не слыхáла, мой друг, не слыхáла, лгать не хочý. Уж кабú я слúшала, я бы с тобóй, мой мúлый, тогдá не так заговорúла. (Вздыхáет.) Ох, грех тúжкий! Вот дóлго ли согрешúть-то! Разговóр блúзкий сéрдцу пойдёт, ну, и согрешúшь, рассéрдишься. Нет, мой друг, говорú, чтó хóчешь, про менú. Никомý не закáжешь говорúть: в глазá не посмéют, так за глазá стáнут.

Кабанóв. Да отсóхни язúк...

Кабанóва. Пóлно, пóлно, не божúсь! Грех! Я уж давнó вúжу, что тебé женá милéе мáтери. С тех пор как женúлся, я уж от тебú прéжней любвú не вúжу.

Кабанóв. В чём же вы, мáменька, ýто вúдите?

15

Кабанóва. Да во всём, мой друг! Мать чего глазáми не увúдит, так у неё сéрдце вещýн, онá сéрдцем мóжет чýвствовать. Аль женá тебя́, чтó ли, отвóдит от меня́, уж не знáю.

Кабанóв. Да нет, мáменька! чтó вы, помúлуйте![28]

Катерúна. Для меня́, мáменька, всё однó, что роднáя мать, что тú, да и Тúхон тóже тебя́ лю́бит.

Кабанóва. Ты бы, кáжется, моглá и помолчáть, кóли тебя́ не спрáшивают. Не заступáйся, мáтушка, не обúжу небóсь! Ведь он мне тóже сын; ты э́того не забывáй! Чтó ты вúскочила в глазáх-то поюлúть! Чтóбы вúдели, чтó ли, как ты мýжа лю́бишь? Так знáем, знáем, в глазáх-то ты э́то всем докáзываешь.

Варвáра (про себя́). Нашлá мéсто наставлéния читáть.

Катерúна. Ты про меня́, мáменька, напрáсно э́то говорúшь. Что при людях, что без людéй, я всё однá, ничегó я из себя́ не докáзываю.

Кабанóва. Да я об тебé и говорúть не хотéла; а так, к слóву пришлóсь.

Катерúна. Да хоть и к слóву, за чтó ж ты меня́ обижáешь?

Кабанóва. Экая вáжная птúца! Уж и обúделась сейчáс.

Катерúна. Напрáслину-то терпéть комý ж приятно!

Кабанóва. Знáю я, знáю, что вам не по нутрý мои словá, да чтó ж дéлать-то, я вам не чужáя, у меня́ об вас сéрдце болúт. Я давнó вúжу, что вам вóли хóчется. Ну, чтó ж, дождётесь, поживёте и на вóле, когдá меня́ не бýдет. Вот уж тогдá дéлайте, чтó хотúте, не бýдет над вáми стáрших. А мóжет, и меня́ вспомя́нете.

Кабанов. Да мы об вас, маменька, денно и нощно Бога молим, чтобы вам, маменька, Бог дал здоровья и всякого благополучия и в делах успеху.

Кабанова. Ну, полно, перестань, пожалуйста. Может быть, ты и любил мать, пока был холостой. До меня ли тебе: у тебя жена молодая.

Кабанов. Одно другому не мешает-с: жена само по себе, а к родительнице я само по себе почтение имею.

Кабанова. Так променяешь ты жену на мать? Ни в жизнь я этому не поверю.

Кабанов. Да для чего же мне менять-с? Я обеих люблю.

Кабанова. Ну да, да, так и есть, размазывай! Уж я вижу, что я вам помеха.

Кабанов. Думайте, как хотите, на всё есть ваша воля; только я не знаю, что я за несчастный такой человек на свет рождён, что не могу вам угодить ничем.

Кабанова. Что ты сиротой-то прикидываешься! Что ты нюни-то распустил? Ну, какой ты муж? Посмотри ты на себя! Станет ли тебя жена бояться после этого?

Кабанов. Да зачем же ей бояться? С меня и того довольно, что она меня любит.

Кабанова. Как, зачем бояться! Как, зачем бояться! Да ты рехнулся, что ли? Тебя не станет бояться, меня и подавно. Какой же это порядок-то в доме будет? Ведь ты, чай, с ней в законе живёшь. Али, по-вашему, закон ничего не значит? Да уж коли ты такие дурацкие мысли в голове держишь, ты бы при ней-то, по крайней мере,

17

не болта́л да при сестре́, при де́вке; ей то́же за́муж идти́: э́так она́ твое́й болтовни́ наслу́шается, так после му́ж-то нам спаси́бо ска́жет за нау́ку. Ви́дишь ты, како́й ещё у́м-то у тебя́, а ты ещё хо́чешь свое́й во́лей жить.

Каба́нов. Да я, ма́менька, и не хочу́ свое́й во́лей жить. Где уж мне свое́й во́лей жить!

Каба́нова. Так, по-тво́ему, ну́жно всё ла́ской с жено́й? Уж и не прикри́кнуть на неё, и не пригрози́ть?

Каба́нов. Да я, ма́менька...

Каба́нова (горячо́). Хоть любо́вника заводи́! А! И э́то, мо́жет быть, по-тво́ему, ничего́? А? Ну, говори́!

Каба́нов. Да, ей-Бо́гу, ма́менька...

Каба́нова (соверше́нно хладнокро́вно). Дура́к! (Вздыха́ет.) Что́ с дурако́м и говори́ть! то́лько грех оди́н! (Молча́ние.) Я домо́й иду́.

Каба́нов. И мы сейча́с, то́лько раз-друго́й по бульва́ру пройдём.

Каба́нова. Ну, как хоти́те, то́лько ты смотри́, чтобы мне вас не дожида́ться! Зна́ешь, я не люблю́ э́того.

Каба́нов. Нет, ма́менька! Сохрани́ меня́ Го́споди!

Каба́нова. То́-то же![29] (Ухо́дит.)

ЯВЛЕ́НИЕ ШЕСТО́Е

Те же без Каба́новой.

Каба́нов. Вот ви́дишь ты, вот всегда́ мне за тебя́ достаётся от ма́меньки! Вот жи́знь-то моя́ кака́я!

Катери́на. Чем же я́-то винова́та?

Каба́нов. Кто ж винова́т, я уж не зна́ю.

Варва́ра. Где тебе́ знать![30]

Кабанов. То всё приставала: «Женись да женись, я хоть бы поглядела на тебя, на женатого»! А теперь поедом ест, проходу не даёт — всё за тебя.

Варвара. Так нешто она виновата! Мать на неё нападает, и ты тоже. А ещё говоришь, что любишь жену. Скучно мне глядеть-то на тебя. (Отворачивается.)

Кабанов. Толкуй тут! Что ж мне делать-то?

Варвара. Знай своё дело — молчи, коли уж лучше ничего не умеешь. Что стоишь — переминаешься? По глазам вижу, что у тебя и на уме-то.

Кабанов. Ну, а что?

Варвара. Известно, что. К Савёлу Прокофьичу хочется, выпить с ним. Что, не так, что ли?

Кабанов. Угадала, брат.

Катерина. Ты, Тиша,[31] скорей приходи, а то маменька опять браниться станет.

Варвара. Ты проворней, в самом деле, а то знаешь ведь!

Кабанов. Уж как не знать!

Варвара. Нам тоже не велика охота из-за тебя брань-то принимать.

Кабанов. Я мигом. Подождите! (Уходит.)

ЯВЛЕНИЕ СЕДЬМОЕ

Катерина п Варвара.

Катерина. Так ты, Варя,[32] жалеешь меня?

Варвара (глядя в сторону). Разумеется, жалко.

Катерина. Так ты, стало быть, любишь меня? (Крепко целует.)

Варвара. За что ж мне тебя не любить-то!

19

Катери́на. Ну, спаси́бо тебе́! Ты ми́лая така́я, я сама́ тебя́ люблю́ до́ смерти. (*Молча́ние.*) Зна́ешь, мне что́ в го́лову пришло́?

Варва́ра. Что́?

Катери́на. Отчего́ лю́ди не лета́ют!

Варва́ра. Я не понима́ю, что ты говори́шь.

Катери́на. Я говорю́: отчего́ лю́ди не лета́ют так, как пти́цы? Зна́ешь, мне иногда́ ка́жется, что я пти́ца. Когда́ стои́шь на горе́, так тебя́ и тя́нет лете́ть. Вот так бы разбежа́лась, подняла́ ру́ки и полете́ла. Попро́бовать нѐшто тепе́рь? (*Хо́чет бежа́ть.*)

Варва́ра. Что́ ты выду́мываешь-то?

Катери́на (*вздыха́я*). Кака́я я была́ ре́звая! Я у вас завя́ла совсе́м.

Варва́ра. Ты ду́маешь, я не ви́жу?

Катери́на. Така́я ли я была́! Я жила́, ни об чём не тужи́ла, то́чно пти́чка на во́ле. Ма́менька во мне души́ не ча́яла, наряжа́ла меня́, как ку́клу, рабо́тать не принужда́ла; что хочу́, быва́ло, то и де́лаю. Зна́ешь, как я жила́ в де́вушках? Вот я тебе́ сейча́с расскажу́. Вста́ну я, быва́ло, ра́но; ко́ли ле́том, так схожу́ на ключо́к, умо́юсь, принесу́ с собо́ю води́цы и все, все цветы́ в до́ме полью́. У меня́ цвето́в бы́ло мно́го, мно́го. Пото́м пойдём с ма́менькой в це́рковь, все и стра́нницы, — у нас по́лон дом был стра́нниц да богомо́лок. А придём из це́ркви, ся́дем за каку́ю-нибудь рабо́ту, бо́льше по ба́рхату зо́лотом, а стра́нницы ста́нут расска́зывать, где они́ бы́ли, что ви́дели, жития́ ра́зные, либо стихи́[33] пою́т. Так до обе́да вре́мя и пройдёт. Тут стару́хи усну́ть ля́гут, а я по са́ду гуля́ю. Пото́м к вече́рне, а ве́чером опя́ть расска́зы да пе́ние. Таково́ хорошо́ бы́ло!

Варва́ра. Да ведь и у нас то́ же са́мое.

Катери́на. Да здесь всё как бу́дто из-под нево́ли. И до́ смерти я люби́ла в це́рковь ходи́ть! То́чно, быва́ло, я в рай войду́, и не ви́жу никого́, и вре́мя не по́мню, и не слы́шу, когда́ слу́жба ко́нчится. То́чно, как всё э́то в одну́ секу́нду бы́ло. Ма́менька говори́ла, что все, быва́ло, смо́трят на меня́, что со мной де́лается! А зна́-ешь: в со́лнечный день из ку́пола тако́й све́тлый столб вниз идёт, и в э́том столбе́ хо́дит дым, то́чно облака́, и ви́жу я, быва́ло, бу́дто а́нгелы в э́том столбе́ лета́ют и пою́т. А то, быва́ло, де́вушка, но́чью вста́ну, — у нас то́же везде́ лампа́дки горе́ли, — да где́-нибудь в уголке́ и молю́сь до утра́. Или ра́но у́тром в сад уйду́, ещё то́лько со́лнышко восхо́дит, упаду́ на коле́на, молю́сь и пла́чу, и сама́ не зна́ю, о чём молю́сь и о чём пла́чу; так меня́ и найду́т. И об чём я моли́лась тогда́, чего́ проси́ла, не зна́ю; ничего́ мне не на́добно, всего́ у меня́ бы́ло дово́льно. А каки́е сны мне сни́лись, Ва́ренька,[34] каки́е сны! Или хра́мы золоты́е, и́ли сады́ каки́е-то не-обыкнове́нные, и всё пою́т неви́димые голоса́, и ки-пари́сом па́хнет,[35] и го́ры и дере́вья бу́дто не таки́е, как обыкнове́нно, а как на образа́х пи́шутся. А то бу́дто я лета́ю, так и лета́ю по во́здуху. И тепе́рь иногда́ сни́тся, да ре́дко, да и не то.

Варва́ра. А что́ же?

Катери́на (помолча́в). Я умру́ ско́ро.

Варва́ра. По́лно, что́ ты!

Катери́на. Нет, я зна́ю, что умру́. Ох, де́вушка,[36] что́-то со мной недо́брое де́лается, чу́до како́е-то! Никогда́ со мной э́того не́ было. Что́-то во мне тако́е необыкнове́нное. То́чно я сно́ва жить начина́ю, и́ли… уж и не зна́ю.

21

Варва́ра. Что́ же с тобо́й тако́е?

Катери́на (*берёт её за́ руку*). А во́т что, Ва́ря, быть греху́ како́му-нибудь! Тако́й на меня́ страх, тако́й-то на меня́ страх! То́чно я стою́ над про́пастью и меня́ кто́-то туда́ толка́ет, а удержа́ться мне не́ за что. (*Хвата́ется за́ голову руко́й.*)

Варва́ра. Что́ с тобо́й? Здоро́ва ли ты?

Катери́на. Здоро́ва... Лу́чше бы я больна́ была́, а то нехорошо́. Ле́зет мне в го́лову мечта́ кака́я-то. И никуда́ я от неё не уйду́. Ду́мать ста́ну — мы́слей ника́к не соберу́, моли́ться — не отмолю́сь ника́к. Языко́м лепечу́ слова́, а на уме́ совсе́м не то: то́чно мне лука́вый в у́ши ше́пчет, да всё про таки́е дела́ нехоро́шие. И то мне представля́ется, что мне самоё себя́ со́вестно сде́лается. Что со мной? Перед бедо́й перед како́й-нибудь э́то! Но́чью, Ва́ря, не спи́тся мне, всё мере́щится шёпот како́й-то: кто́-то так ла́сково говори́т со мной, то́чно голу́бит меня́, то́чно го́лубь воркуе́т. Уж не сни́тся мне, Ва́ря, как пре́жде, ра́йские дере́вья да го́ры; а то́чно меня́ кто́-то обнима́ет так горячо́-горячо́, и ведёт меня́ куда́-то, и я иду́ за ним, иду́...

Варва́ра. Ну?

Катери́на. Да что́ же э́то я говорю́ тебе́: ты — де́вушка.

Варва́ра (*огля́дываясь*). Говори́! Я ху́же тебя́.

Катери́на. Ну, что́ ж мне говори́ть? Сты́дно мне.

Варва́ра. Говори́, нужды́ нет!

Катери́на. Сде́лается мне так ду́шно, так ду́шно до́ма, что бежа́ла бы. И така́я мысль придёт на меня́, что, кабы́ моя́ во́ля, ката́лась бы я тепе́рь по Во́лге, на

лóдке, с пéснями, лѝбо на трóйке на хорóшей, обня́-
вшись ...

Варвáра. Тóлько не с мýжем.

Катерѝна. А ты почём знáешь?

Варвáра. Ещё бы не знать!..

Катерѝна. Ах, Вáря, грех у меня́ на умé! Скóлько
я, бéдная, плáкала, чего уж я над собóй не дéлала! Не
уйтѝ мне от э́того грехá. Никудá не уйтѝ. Ведь э́то
нехорошó, ведь э́то стрáшный грех, Вáренька, что я
другóва³⁷ люблю́?

Варвáра. Чтó мне тебя́ судѝть! У меня́ свой грехѝ
есть.

Катерѝна. Чтó же мне дéлать! Сил мойх не хватáет.
Кудá мне девáться; я от тоскѝ чтó-нибудь сдéлаю над
собóй!

Варвáра. Чтó ты! Что с тобóй! Вот погодѝ, зáвтра
брáтец уéдет, подýмаем; мóжет быть, и вѝдеться мóжно
бýдет.

Катерѝна. Нет, нет, не нáдо! Чтó ты! Что ты!
Сохранѝ Гóсподи!

Варвáра. Чегó ты так испугáлась?

Катерѝна. Éсли я с ним хоть раз увѝжусь, я убегý
из дому, я уж не пойдý домóй ни за чтó на свéте.

Варвáра. А вот погодѝ, там увѝдим.

Катерѝна. Нет, нет, и не говорѝ мне, я и слýшать
не хочý.

Варвáра. А что за охóта сóхнуть-то! Хоть умирáй
с тоскѝ, пожалéют, чтó ль, тебя́! Кáк же, дожидáйся.
Так какáя ж невóля себя́ мýчить-то!

Вхóдит бáрыня с пáлкой и два лакéя в треугóльных шля́пах
сзáди.

23

ЯВЛЕНИЕ ВОСЬМОЕ

Те же и барыня.

Барыня. Что, красавицы! Что тут делаете! Молодцов поджидаете, кавалеров? Вам весело? Весело? Красота-то ваша вас радует? Вот красота-то куда ведёт. (*Показывает на Волгу.*) Вот, вот, в самый омут.

Варвара улыбается.

Что смеётесь? Не радуйтесь! (*Стучит палкой.*) Все в огне гореть будете неугасимом. Все в смоле будете кипеть неутолимой! (*Уходя.*) Вон, вон куда красота-то ведёт. (*Уходит.*)

ЯВЛЕНИЕ ДЕВЯТОЕ

Катерина и Варвара.

Катерина. Ах, как она меня испугала, я дрожу вся, точно она пророчит мне что-нибудь.

Варвара. На свою бы тебе голову, старая карга!

Катерина. Что она сказала такое, а? Что она сказала?

Варвара. Вздор всё. Очень нужно слушать, что она городит. Она всем так пророчит. Всю жизнь смолоду-то грешила. Спроси-ка, что об ней порасскажут! Вот умирать-то и бойтся. Чего сама-то бойтся, тем и других пугает. Даже все мальчишки в городе от неё прячутся, — грозит на них палкой да кричит (*передразнивая*): «Все гореть в огне будете!»

Катерина (*зажмуриваясь*). Ах, ах, перестань! У меня сердце упало.

Варвара. Есть чего бояться![38] Дура старая...

24

Катери́на. Бою́сь, до́ смерти бою́сь. Всё она́ мне в глаза́х мере́щится.

Молча́ние.

Варва́ра (*огля́дываясь*). Что́ это бра́тец нейдёт, вон, ника́к, гроза́ захо́дит.

Катери́на (*с у́жасом*). Гроза́! Побежи́м домо́й! Поскоре́е!

Варва́ра. Что́ ты, с ума́, что́ ли, сошла́! Как же ты без бра́тца-то домо́й пока́жешься?

Катери́на. Нет, домо́й, домо́й! Бог с ним!

Варва́ра. Да что́ ты уж о́чень бои́шься; ещё далеко́ гроза́-то.

Катери́на. А ко́ли далеко́, так пожа́луй, подождём немно́го: а пра́во бы, лу́чше идти́. Пойдём лу́чше!

Варва́ра. Да ведь уж ко́ли чему́ быть, так и до́ма не спря́чешься.

Катери́на. Да всё-таки лу́чше, всё поко́йнее; до́ма-то я к образа́м да Бо́гу моли́ться!

Варва́ра. Я и не зна́ла, что ты так грозы́ бои́шься. Я вот не бою́сь.

Катери́на. Как, де́вушка, не боя́ться! Вся́кий до́лжен боя́ться. Не то́ стра́шно, что убьёт тебя́, а то́, что смерть тебя́ вдруг заста́нет, как ты есть, со все́ми твои́ми греха́ми, со все́ми по́мыслами лука́выми. Мне умере́ть не стра́шно, а как я поду́маю, что вот вдруг я явлю́сь перед Бо́гом така́я, кака́я я здесь с тобо́й, после э́того разгово́ру-то,[39] — вот что стра́шно. Что́ у меня́ на уме́-то! Како́й грех-то! стра́шно вы́молвить!

Гром.

Ах!

25

Кабанов входит.

Варвара. Вот братец идёт. (*Кабанову*.) Беги скорей!

Гром.

Катерина. Ах! Скорей, скорей!

ДЕ́ЙСТВИЕ ВТОРО́Е

Ко́мната в до́ме Кабано́вых.

ЯВЛЕ́НИЕ ПЕ́РВОЕ

Гла́ша (собира́ет пла́тье в узлы́) и Феклу́ша (вхо́дит).

Феклу́ша. Ми́лая де́вушка, всё-то ты за рабо́той! Что́ де́лаешь, ми́лая?

Гла́ша. Хозя́ина в доро́гу собира́ю.

Феклу́ша. Аль е́дет куда́, свет наш?

Гла́ша. Е́дет.

Феклу́ша. На́долго, ми́лая, е́дет?

Гла́ша. Нет, не на́долго.

Феклу́ша. Ну, ска́тертью ему́ доро́га! А что, хозя́йка-то ста́нет выть, аль нет?[40]

Гла́ша. Уж не зна́ю, как тебе́ сказа́ть.

Феклу́ша. Да она́ у вас во́ет когда́?

Гла́ша. Не слыха́ть что-то.

Феклу́ша. Уж бо́льно я люблю́, ми́лая де́вушка, слу́шать, ко́ли кто хорошо́ во́ет-то! (*Молча́ние*.) А вы, де́вушка, за убо́гой-то присма́тривайте, не стяну́ла б чего́.

Гла́ша. Кто вас разберёт, все вы друг на дру́га кле́плете, что вам ла́дно-то не живётся? Уж у нас ли, ка́жется, вам, странным, не житьё, а вы всё ссоритесь да перекоряетесь; греха-то вы не бойтесь.

Феклуша. Нельзя, матушка, без греха: в миру живём. Вот что я тебе скажу, милая девушка: вас, простых людей, каждого один враг[41]смущает, а к нам, к странным людям, к кому шесть, к кому двенадцать приставлено; вот и надобно их всех побороть. Трудно, милая девушка!

Глаша. Отчего ж к вам так много?

Феклуша. Это, матушка, враг-то из ненависти на нас, что жизнь такую праведную ведём. А я, милая девушка, не вздорная, за мной этого греха нет. Один грех за мной есть, точно; я сама знаю, что есть. Сладко поесть люблю. Ну, так что ж! По немощи моей Господь посылает.

Глаша. А ты, Феклуша, далеко ходила?

Феклуша. Нет, милая. Я, по своей немощи, далеко не ходила; а слыхать — много слыхала. Говорят, такие страны есть, милая девушка, где и царей-то нет православных, а салтаны землёй правят. В одной земле сидит на троне салтан Махнут турецкий, а в другой — салтан Махнут персидский; и суд творят они, милая девушка, надо всеми людьми, и, что ни судят они, всё неправильно. И не могут они, милая, ни одного дела рассудить праведно, такой уж им предел положён. У нас закон праведный, а у них, милая, неправедный; что по нашему закону так выходит, а по-ихнему всё напротив. И все судьи у них, в ихних странах, тоже все неправедные; так им, милая девушка, и в просьбах пишут: «Суди меня, судья неправедный!» А то есть ещё земля, где все люди с песьими головами.

Глаша. Отчего ж так, с пёсьими?

Феклуша. За неверность. Пойду я, милая девушка, по купечеству поброжу: не будет ли чего на бедность. Прощай покудова!

Глаша. Прощай!

Феклуша уходит.

Вот ещё какие земли есть! Каких-то, каких-то чудес на свете нет! А мы тут сидим, ничего не знаем. Ещё хорошо, что добрые люди есть; нет-нет да и услышишь, что на белом свету делается; а то бы так дураками и померли.

Входят Катерина и Варвара.

ЯВЛЕНИЕ ВТОРОЕ

Катерина и Варвара.

Варвара (*Глаше*). Тащи узлы-то в кибитку, лошади приехали. (*Катерине.*) Молоду тебя замуж-то отдали, погулять-то тебе в девках не пришлось: вот у тебя сердце-то и не уходилось ещё.

Глаша уходит.

Катерина. И никогда не уходится.

Варвара. Отчего ж?

Катерина. Такая уж я зародилась горячая. Я ещё лет шести была, не больше, так что сделала! Обидели меня чем-то дома, а дело было к вечеру, уж темно; я выбежала на Волгу, села в лодку, да и отпихнула её от берега. На другое утро уж нашли, вёрст за десять!

Варвара. Ну, а парни поглядывали на тебя?

28

Катери́на. Как не погля́дывать!

Варва́ра. Что́ же ты? Неу́жто не люби́ла никого́?

Катери́на. Нет, сме́ялась то́лько.

Варва́ра. А ведь ты, Ка́тя,[42] Ти́хона не лю́бишь.

Катери́на. Нет, как не люби́ть! Мне жа́лко его́ о́чень.

Варва́ра. Нет, не лю́бишь. Ко́ли жа́лко, так не лю́бишь. Да и не́ за что, на́до пра́вду сказа́ть. И напра́сно ты от меня́ скрыва́ешься! Давно́ уж я заме́тила, что ты лю́бишь одного́ челове́ка.

Катери́на (с испу́гом). Почём же ты заме́тила?

Варва́ра. Как ты смешно́ говори́шь! Ма́ленькая я, что ли! Вот тебе́ пе́рвая приме́та: как ты уви́дишь его́, вся в лице́ переме́нишься.

Катери́на потупля́ет глаза́.

Да ма́ло ли...

Катери́на (поту́пившись). Ну, кого́ же?

Варва́ра. Да ведь ты сама́ зна́ешь, что называ́ть-то?

Катери́на. Нет, назови́! По и́мени назови́!

Варва́ра. Бори́са Григо́рьича.

Катери́на. Ну да, его́, Ва́ренька, его́. То́лько ты, Ва́ренька, ради Бо́га...

Варва́ра. Ну, вот ещё! Ты сама́-то, смотри́, не проговори́сь ка́к-нибудь.

Катери́на. Обма́нывать-то я не уме́ю, скры́ть-то ничего́ не могу́.

Варва́ра. Ну, а ведь без э́того нельзя́; ты вспо́мни, где ты живёшь! У нас весь дом на том де́ржится. И я не обма́нщица была́, да вы́училась, когда́ ну́жно ста́ло. Я вчера́ гуля́ла, так его́ ви́дела, говори́ла с ним.

Катери́на (*после непродолжи́тельного молча́ния, поту́пившись*). Ну, так что́ ж?

Варва́ра. Кла́няться тебе́ приказа́л. Жаль, говори́т, что ви́деться не́где.

Катери́на (*поту́пившись ещё бо́лее*). Где́ же ви́деться! Да и заче́м...

Варва́ра. Ску́чный тако́й...

Катери́на. Не говори́ мне про него́, сде́лай ми́лость, не говори́! Я его́ и знать не хочу́! Я бу́ду му́жа люби́ть. Ти́ша, голу́бчик мой, ни на кого́ тебя́ не променя́ю! Я и ду́мать-то не хоте́ла, а ты меня́ смуща́ешь.

Варва́ра. Да не ду́май, кто́ ж тебя́ заставля́ет?

Катери́на. Не жале́ешь ты меня́ ничего́! Говори́шь: не ду́май, а сама́ напомина́ешь. Ра́зве я хочу́ об нём ду́мать; да что́ делать, ко́ли из головы́ нейдёт. Об чём ни заду́маю, а он так и стои́т перед глаза́ми. И хочу́ себя́ переломи́ть, да не могу́ ника́к. Зна́ешь ли ты, меня́ ны́нче но́чью опя́ть враг смуща́л. Ведь я было́ и́з дому ушла́.

Варва́ра. Ты кака́я-то мудрёная, Бог с тобо́й! А по-мо́ему: де́лай, что́ хо́чешь, то́лько бы ши́то да кры́то бы́ло.

Катери́на. Не хочу́ я так. Да и что́ хоро́шего! Уж я лу́чше бу́ду терпе́ть, пока́ те́рпится.

Варва́ра. А не сте́рпится, что́ ж ты сде́лаешь?

Катери́на. Что́ я сде́лаю?

Варва́ра. Да, что́ сде́лаешь?

Катери́на. Что́ мне то́лько захо́чется, то и сде́лаю.

Варва́ра. Сде́лай, попро́буй, так тебя́ здесь заедя́т.

Катери́на. А что́ мне! Я уйду́, да и была́ такова́.[43]

Варва́ра. Куда́ ты уйдёшь? Ты му́жняя жена́.

Катери́на. Эх, Ва́ря, не зна́ешь ты моего́ хара́ктеру! Коне́чно, не дай Бог э́тому случи́ться! А уж ко́ли о́чень мне здесь опосты́нет, так не уде́ржат меня́ ника́кой си́лой. В окно́ вы́брошусь, в Во́лгу ки́нусь. Не хочу́ здесь жить, так не ста́ну, хоть ты меня́ режь![44]

Молча́ние.

Варва́ра. Зна́ешь что, Ка́тя! Как Ти́хон уе́дет, так дава́й в саду́ спать, в бесе́дке.

Катери́на. Ну зачем, Ва́ря?

Варва́ра. Да не́што не всё равно́?

Катери́на. Бою́сь я в незнако́мом-то ме́сте ночева́ть.

Варва́ра. Чего́ боя́ться-то! Гла́ша с на́ми бу́дет.

Катери́на. Всё ка́к-то ро́бко! Да я, пожа́луй!

Варва́ра. Я б тебя́ и не звала́, да меня́-то одну́ ма́менька не пу́стит, а мне ну́жно.

Катери́на (смотря́ на неё). Зачем же тебе́ ну́жно?

Варва́ра (смеётся). Бу́дем там ворожи́ть с тобо́й.

Катери́на. Шу́тишь, должно́ быть?

Варва́ра. Изве́стно, шучу́; а то неу́жто в са́мом де́ле?

Молча́ние.

Катери́на. Где́ ж это Ти́хон-то?

Варва́ра. На что́ он тебе́?[45]

Катери́на. Нет, я так. Ведь ско́ро е́дет.

Варва́ра. С ма́менькой сиди́т, запе́ршись. То́чит она́ его́ тепе́рь, как ржа желе́зо.

Катери́на. За что́ же?

Варва́ра. Ни за что́, так, уму́-ра́зуму у́чит. Две неде́ли в доро́ге бу́дет, загла́зное де́ло![46] Сама́ посуди́!

У неё сéрдце всё изнóет, что он на своéй вóле гуля́ет. Вот онá ему́ тепéрь и надаёт прика́зов, оди́н друго́го грознéй, да потóм к óбразу поведёт, побожи́ться заста́вит, что всё так тóчно он сдéлает, как прика́зано.

Катери́на. И на вóле-то он слóвно свя́занный.

Варва́ра. Да, ка́к же, свя́занный! Он как вы́едет, так запьёт. Он тепéрь слу́шает, а сам ду́мает, как бы ему́ вы́рваться-то поскорéй.

Вхóдят Кабанóва и Кабанóв.

ЯВЛÉНИЕ ТРÉТЬЕ

Те же, Кабанóва и Кабанóв.

Кабанóва. Ну, ты пóмнишь всё, что я тебé сказа́ла? Смотри́ ж, пóмни! На носу́ себé заруби́!

Кабанóв. Пóмню, ма́менька.

Кабанóва. Ну, тепéрь всё готóво. Лóшади приéхали, прости́ться тебé тóлько, да и с Бóгом.

Кабанóв. Да-с, ма́менька, порá.

Кабанóва. Ну!

Кабанóв. Чегó извóлите-с?

Кабанóва. Что ж ты стои́шь, ра́зве поря́дку не зна́ешь? Прика́зывай женé-то, как жить без тебя́.

Катери́на поту́пила глаза́ в зéмлю.

Кабанóв. Да онá, чай, сама́ зна́ет.

Кабанóва. Разгова́ривай ещё! Ну, ну, прика́зывай! Чтоб и я слы́шала, что ты ей прика́зываешь! А потóм приéдешь, спрóсишь, так ли всё испóлнила.

Кабанóв (*станови́сь против Катери́ны*). Слу́шайся ма́меньки, Ка́тя!

32

Кабанóва. Скажи́, чтоб не груби́ла свекрóви.

Кабанóв. Не груби́!

Кабанóва. Чтоб почита́ла свекрóвь, как роднýю мать!

Кабанóв. Почита́й, Ка́тя, ма́меньку, как роднýю мать!

Кабанóва. Чтоб сложá рýчки не сиде́ла, как ба́рыня!

Кабанóв. Рабóтай чтó-нибудь без меня́!

Кабанóва. Чтоб в óкна глаз не пя́лила!

Кабанóв. Да, ма́менька, когдá ж онá...

Кабанóва. Ну, ну!

Кабанóв. В óкна не гляди́!

Кабанóва. Чтоб на молоды́х парне́й не загля́дывалась без тебя́.

Кабанóв. Да чтó ж э́то, ма́менька, ей-Бóгу!

Кабанóва (*стрóго*). Ломáться-то нéчего! Дóлжен исполня́ть, чтó мать говори́т. (*С улы́бкой.*) Онó всё лýчше, как прикáзано-то.

Кабанóв (*сконфýзившись*). Не загля́дывайся на парне́й!

Катери́на стрóго взгля́дывает на негó.

Кабанóва. Ну, тепéрь поговори́те промéжду себя́, кóли чтó нýжно. Пойдём, Варвáра!

Ухóдят.

ЯВЛÉНИЕ ЧЕТВЁРТОЕ

Кабанóв и Катери́на (стои́т, как бýдто в оцепенéнии).

Кабанóв. Ка́тя! (*Молчáние.*) Ка́тя, ты на меня́ не сéрдишься?

Катери́на (*после непродолжи́тельного молчáния, покачáв головóй*). Нет!

Кабанóв. Да чтó ты такáя? Ну, прости́ меня́!

Катери́на (*всё в том же состоя́нии, слегка́ покача́в головóй*). Бог с тобóй! (*Закры́в лицó рукóю.*) Оби́дела онá меня́!

Кабанóв. Всё к сéрдцу-то принимáть, так в чахóтку скóро попадёшь. Чтó её слýшать-то! Ей ведь чтó-нибудь нáдо ж говори́ть! Ну, и пущáй онá говори́т, а ты ми́мо ушéй пропущáй. Ну, прощáй, Кáтя!

Катери́на (*кида́ясь на ше́ю му́жу*). Ти́ша, не уезжáй! Ради Бóга не уезжáй! Голýбчик, прошý я тебя́!

Кабанóв. Нельзя́, Кáтя. Кóли мáменька посылáет, кáк же я не поéду!

Катери́на. Ну, бери́ меня́ с собóй, бери́!

Кабанóв (*освобожда́ясь из её объя́тий*). Да нельзя́.

Катери́на. Отчегó же, Ти́ша, нельзя́?

Кабанóв. Кудá как вéсело с тобóй éхать! Вы меня́ уж заéздили здесь совсéм! Я не чáю, как[47] вы́рваться-то; а ты ещё навя́зываешься со мной.

Катери́на. Да неужéли же ты разлюби́л меня́?

Кабанóв. Да не разлюби́л; а с э́такой-то невóли от какóй хóчешь красáвицы-жены́ убежи́шь! Ты подýмай тó: какóй ни на есть,[48] а я всё-таки мужчи́на; всю жизнь вот э́так жить, как ты ви́дишь, так убежи́шь и от жены́. Да как знáю я тепéрича, что недéли две никакóй грозы́ надо мной не бýдет, кандалóв э́тих на ногáх нет, так до жены́ ли мне?

Катери́на. Кáк же мне люби́ть-то тебя́, когдá ты таки́е словá говори́шь?

Кабанóв. Словá, как словá![49] Каки́е же мне ещё словá говори́ть! Кто тебя́ знáет, чего ты бои́шься! Ведь ты не однá, ты с мáменькой остáнешься.

Катери́на. Не говори́ ты мне об ней, не тира́нь ты моего́ се́рдца! Ах, беда́ моя́, беда́! (*Пла́чет.*) Куда́ мне, бе́дной, де́ться? За кого́ мне ухвати́ться? Ба́тюшки мой, погиба́ю я!

Кабано́в. Да по́лно ты!

Катери́на (*подхо́дит к му́жу и прижима́ется к нему́*). Ти́ша, голу́бчик, кабы́ ты оста́лся, ли́бо взял ты меня́ с собо́й, ка́к бы я тебя́ люби́ла, ка́к бы я тебя́ голу́била, моего́ ми́лого. (*Ласка́ет его́.*)

Кабано́в. Не разберу́ я тебя́, Ка́тя! То от тебя́ сло́ва не добьёшься, не то что ла́ски; а то так сама́ ле́зешь.

Катери́на. Ти́ша, на кого́ ты меня́ оставля́ешь! Быть беде́ без тебя́! Быть беде́!

Кабано́в. Ну, да ведь нельзя́, так уж не́чего де́лать.

Катери́на. Ну, так во́т что! Возьми́ ты с меня́ каку́ю-нибудь кля́тву стра́шную...

Кабано́в. Каку́ю кля́тву?

Катери́на. Вот каку́ю: чтобы не сме́ла я без тебя́ ни под каки́м ви́дом ни говори́ть ни с ке́м чужи́м, не ви́деться, чтобы и ду́мать я не сме́ла ни о ко́м, кроме тебя́.

Кабано́в. Да на что ж э́то?

Катери́на. Успоко́й ты мою́ ду́шу, сде́лай таку́ю ми́лость для меня́!

Кабано́в. Как мо́жно за себя́ руча́ться, ма́ло ль что мо́жет в го́лову прийти́.

Катери́на (*па́дая на коле́ни*). Чтоб не вида́ть мне ни отца́, ни ма́тери! Умере́ть мне без покая́ния, е́сли я...

Кабанóв (*поднимáя её*). Чтó ты! Чтó ты! Какóй грéх-то! Я и слýшать не хочý!

Гóлос Кабанóвой: «Порá, Тѝхон!»
Вхóдят Кабанóва, Варвáра и Глáша.

ЯВЛÉНИЕ ПЯ́ТОЕ

Те же, Кабанóва, Варвáра и Глáша.

Кабанóва. Ну, Тѝхон, порá. Поезжáй с Бóгом! (*Садѝтся.*) Садѝтесь все!

Все садя́тся. Молчáние.[50]

Ну, прощáй! (*Встаёт и все встаю́т.*)
Кабанóв (*подходя́ к мáтери*). Прощáйте, мáменька!
Кабанóва (*жéстом покáзывает на зéмлю*). В нóги, в нóги!

Кабанóв кла́няетя в нóги, потóм целýется с мáтерью.

Прощáйся с женóй!
Кабанóв. Прощáй, Кáтя!

Катерѝна кидáется емý на шéю.

Кабанóва. Чтó на *нéю*-то вѝснешь, бессты́дница! Не с любóвником прощáешься! Он тебé муж—главá! Аль поря́дку не знáешь? В нóги кла́няйся!

Катерѝна кла́няется емý в нóги.

Кабанóв. Прощáй, сестрѝца! (*Целýется с Варвá-рой.*) Прощáй, Глáша! (*Целýется с Глáшей.*) Прощáйте, мáменька! (*Кла́няется.*)
Кабанóва. Прощáй! Дáльние прóводы — лѝшние слёзы.[51]

Кабанóв ухóдит, за ним Катерѝна, Варвáра и Глáша.

36

ЯВЛЕ́НИЕ ШЕСТО́Е

Кабано́ва (*одна́*). Мо́лодость-то что зна́чит! Смешно́ смотре́ть-то да́же на них! Кабы́ не свой, насмея́лась бы до́сыта. Ничего́-то не зна́ют, никако́го поря́дка. Прости́ться-то путём не уме́ют. Хорошо́ ещё, у кого́ в до́ме ста́ршие есть, и́ми дом-то и де́ржится, пока́ жи́вы. А ведь то́же, глу́пые, на свою́ во́лю хотя́т, а вы́дут на во́лю-то, так и пу́таются на поко́р да смех до́брым лю́дям. Коне́чно, кто и пожале́ет, а бо́льше всё смею́тся. Да не смея́ться-то нельзя́; госте́й позову́т, посади́ть не уме́ют, да ещё, гляди́, позабу́дут кого́ из родны́х. Смех, да и то́лько! Та́к-то вот старина́-то и выво́дится. В друго́й дом и взойти́-то не хо́чется. А и взойдёшь-то, так плю́нешь да вон скоре́е. Что бу́дет, как старики́ перемру́т, как бу́дет свет стоя́ть, уж и не зна́ю. Ну, да уж хоть то хорошо́, что не ̦ви́жу ничего́.

Вхо́дят Катери́на и Варва́ра.

ЯВЛЕ́НИЕ СЕДЬМО́Е

Кабано́ва, Катери́на и Варва́ра.

Кабано́ва. Ты вот похваля́лась, что му́жа о́чень лю́бишь; ви́жу я тепе́рь твою́ любо́вь-то. Друга́я хоро́шая жена́, проводи́вши му́жа-то, часа́ полтора́ во́ет, лежи́т на крыльце́; а тебе́, ви́дно, ничего́.

Катери́на. Не́ к чему! Да и не уме́ю. Что наро́д-то смеши́ть!

Кабано́ва. Хи́трость-то невели́кая. Кабы́ люби́ла, та́к бы вы́училась. Ко́ли поря́дком не уме́ешь, ты хоть бы приме́р-то э́тот сде́лала; всё-таки присто́йнее; а то, ви́дно, на слова́х то́лько. Ну, я Бо́гу моли́ться пойду́; не меша́йте мне.

Варва́ра. Я со двора́ пойду́.

Кабано́ва (*ла́сково*). А мне что́! Поди́! Гуля́й, пока́ твоя́ пора́ придёт. Ещё насиди́шься!

Ухо́дят Кабано́ва и Варва́ра.

ЯВЛЕ́НИЕ ВОСЬМО́Е

Катери́на (*одна́, заду́мчиво*). Ну, тепе́рь тишина́ у нас в до́ме воцари́тся. Ах, кака́я ску́ка! Хоть бы де́ти чьи-нибудь! Эко го́ре! Дёток-то у меня́ нет: всё бы я и сиде́ла с ни́ми да забавля́ла их. Люблю́ о́чень с детьми́ разгова́ривать — а́нгелы ведь э́то. (*Молча́ние*). Кабы́ я ма́ленькая умерла́, лу́чше бы бы́ло. Гляде́ла бы я с не́ба на зе́млю да ра́довалась всему́. А то полете́ла бы неви́димо, куда́ захоте́ла. Вы́летела бы в по́ле и лета́ла бы с василька́ на василёк по ве́тру, как ба́бочка. (*Заду́мывается.*) А во́т что сде́лаю: я начну́ рабо́ту каку́ю-нибудь по обеща́нию, пойду́ в гости́ный двор, куплю́ холста́, да и бу́ду шить бельё, а пото́м разда́м бе́дным. Они́ за меня́ Бо́гу помо́лят. Вот и зася́дем шить с Варва́рой, и не уви́дим, как вре́мя пройдёт; а тут Ти́ша прие́дет.

Вхо́дит Варва́ра.

ЯВЛЕ́НИЕ ДЕВЯ́ТОЕ

Катери́на и Варва́ра.

Варва́ра (*покрыва́ет го́лову платко́м пе́ред зе́ркалом*). Я тепе́рь гуля́ть пойду́; а ужо́ нам Гла́ша посте́лет посте́ли в саду́, ма́менька позво́лила. В саду́, за малиной, есть калитка, её маменька запирает на замок, а ключ прячет. Я его унесла, а ей подложила другой, чтоб не заметила. На, вот, может быть, понадобится. (*Подаёт ключ.*) Если увижу, так скажу, чтоб приходил к калитке.

Катерина (*с испугом, отталкивая ключ*). На что! На что! Не надо, не надо!

Варвара. Тебе не надо, мне понадобится; возьми, не укусит он тебя.

Катерина. Да что ты затеяла-то, греховодница! Можно ли это! Подумала ль ты? Что ты! Что ты!

Варвара. Ну, я много разговаривать не люблю; да и некогда мне. Мне гулять пора. (*Уходит.*)

ЯВЛЕНИЕ ДЕСЯТОЕ

Катерина (*одна, держа ключ в руках*). Что она это делает-то? Что она только придумывает? Ах, сумасшедшая, право сумасшедшая! Вот погибель-то! Вот она! Бросить его, бросить далеко, в реку кинуть, чтоб не нашли никогда. Он руки-то жжёт, точно уголь. (*Подумав.*) Вот так-то и гибнет наша сестра-то. В неволе-то кому весело! Мало ли что в голову-то придёт. Вышел случай, другая и рада: так, очертя голову, и кинется. А как же это можно, не подумавши, не рассудивши-то! Долго ли в беду попасть! А там и плачься всю жизнь, мучайся; неволя-то ещё горчее покажется. (*Молчание.*) А горькá неволя, ох, как горькá! Кто от неё не плачет! А пуще всех мы, бабы. Вот хоть я теперь? Живу, маюсь, просвету себе не вижу! Да и не увижу, знать! Что дальше, то хуже.[52] А теперь ещё этот грех-то на меня.

(*Заду́мывается.*) Кабы́ не свекро́вь!.. Сокруши́ла она́ меня́... от неё мне и до́м-то опосты́лел; сте́ны-то да́же проти́вны. (*Заду́мчиво смо́трит на ключ.*) Бро́сить его́? Разуме́ется, на́до бро́сить. И как он э́то ко мне в ру́ки попа́л? На собла́зн, на па́губу мою́. (*Прислу́шивается.*) Ах, кто́-то идёт. Так се́рдце и упа́ло. (*Пря́чет ключ в карма́н.*) Нет!.. Никого́! Что́ я так испуга́лась! И ключ спря́тала. Ну, уж знать там ему́ и быть! Ви́дно, сама́ судьба́ того́ хо́чет! Да како́й же в э́том грех, е́сли я взгляну́ на него́ раз, хоть и́здали-то! Да хоть и поговорю́-то, так всё не беда́! А ка́к же я му́жу-то!.. Да ведь он сам не захоте́л. Да мо́жет, тако́го и слу́чая-то ещё во всю жизнь не вы́дет. Тогда́ и пла́чься на себя́: был слу́чай, да не уме́ла по́льзоваться. Да что́ я говорю́-то, что́ я себя́ обма́нываю? Мне хоть умере́ть, да уви́деть его́. Перед кем я притворя́юсь-то!.. Бро́сить ключ! Нет, ни за что́ на све́те! Он мой тепе́рь... Будь что́ бу́дет, а я Бори́са уви́жу! Ах, кабы́ ночь поскоре́е!..

ДЕ́ЙСТВИЕ ТРЕ́ТЬЕ

СЦЕ́НА 1-я

У́лица. Воро́та до́ма Кабано́вых, перед воро́тами скаме́йка.

ЯВЛЕ́НИЕ ПЕ́РВОЕ

Кабано́ва и Феклу́ша сидя́т на скаме́йке.

Феклу́ша. После́дние времена́, ма́тушка Ма́рфа Игна́тьевна, после́дние, по всем приме́там после́дние. Ещё у вас в го́роде рай и тишина́, а по други́м города́м так просто Содом, матушка: шум, беготня, езда беспрестанная! Народ-то так и снуёт, один туда, другой сюда.

Кабанова. Некуда нам торопиться-то, милая, мы и живём не спеша.

Феклуша. Нет, матушка, оттого у вас тишина в городе, что многие люди, вот хоть бы вас взять, добродетелями, как цветами, украшаются; оттого всё и делается прохладно и благочинно. Ведь эта беготня-то, матушка, что значит? Ведь это суета! Вот хоть бы в Москве: бегает народ взад да вдерёд неизвестно зачем. Вот она суета-то и есть. Суетный народ, матушка Марфа Игнатьевна, вот он и бегает. Ему представляется-то, что он за делом бежит; торопится, бедный: людей не узнаёт; ему мерещится, что его манит некто; а придёт на место-то, ан пусто, нет ничего, мечта одна. И пойдёт в тоске. А другому мерещится, что будто он догоняет кого-то знакомого. Со стороны-то свежий человек сейчас видит, что никого нет; а тому-то всё кажется от суеты, что он догоняет. Суета-то ведь она вроде туману[53]бывает. Вот у вас в этакой прекрасный вечер редко кто и за вороты-то выдет посидеть; а в Москве-то теперь гульбища да игрища, а по улицам-то инда грохот идёт; стон стоит. Да чего, матушка Марфа Игнатьевна, огненного змия[54] стали запрягать: всё, видишь, для-ради скорости.

Кабанова. Слышала я, милая.

Феклуша. А я, матушка, так своими глазами видела; конечно, другие от суеты не видят ничего, так он им машиной показывается, они машиной и называют, а я видела, как он лапами-то вот так (*растопы*-

41

ривает пальцы) делает. Ну, и стон, которые люди хорошей жизни, так слышат.

Кабанова. Назвать-то всячески можно, пожалуй, хоть машиной назови; народ-то глуп, будет всему верить. А меня хоть ты золотом осыпь, так я не поеду.

Феклуша. Что за крайности, матушка! Сохрани Господи от такой напасти! А вот ещё, матушка Марфа Игнатьевна, было мне в Москве видение некоторое. Иду я рано поутру, ещё чуть брезжится, и вижу на высоком-превысоком доме, на крыше, стоит кто-то, лицом чёрен. Уж сами понимаете кто. И делает он руками, как будто сыплет что, а ничего не сыплется. Тут я догадалась, что это он плевелы сыплет, а народ днём в суете-то в своей невидимо и подберёт. Оттого-то они так и бегают, оттого и женщины-то у них все такие худые, тела-то никак не нагуляют; да как будто они что потеряли, либо чего ищут, в лице печаль, даже жалко.

Кабанова. Всё может быть, моя милая! В наши времена чего дивиться?

Феклуша. Тяжёлые времена, матушка Марфа Игнатьевна, тяжёлые. Уж и время-то стало в умаление приходить.

Кабанова. Как так, милая, в умаление?

Феклуша. Конечно, не мы, где нам заметить в суете-то! А вот умные люди замечают, что у нас и время-то короче становится. Бывало, лето и зима-то тянутся-тянутся, не дождёшься, когда кончатся; а нынче и не увидишь, как пролетят. Дни-то и часы всё те же, как будто, остались; а время-то, за наши грехи, всё короче и короче делается. Вот что умные-то люди говорят.

Кабанова. И хуже этого, милая, будет.

Феклуша. Нам-то бы только не дожить до этого.

Кабанова. Может, и доживём.

Входит Дикой.

ЯВЛЕНИЕ ВТОРОЕ

Те же и Дикой.

Кабанова. Что это ты, кум, бродишь так поздно?

Дикой. А кто ж мне запретит?

Кабанова. Кто запретит! кому нужно!

Дикой. Ну и, значит, нечего разговаривать. Что я, под началом, что ль, у кого? Ты ещё что тут! Какого ещё тут чёрта водяного!..[55]

Кабанова. Ну, ты не очень горло-то распускай! Ты найди подешевле меня! А я тебе дорога! Ступай своей дорогой, куда шёл. Пойдём, Феклуша, домой. (Встаёт.)

Дикой. Постой, кума, постой! Не сердись. Ещё успеешь дома-то быть: дом-от[56] твой не за горами. Вот он!

Кабанова. Коли ты за делом, так не ори, а говори толком.

Дикой. Никакого дела нет, а я хмелён, вот что!

Кабанова. Что ж, ты мне теперь хвалить тебя прикажешь за это?

Дикой. Ни хвалить, ни бранить. А значит, я хмелён; ну, и кончено дело. Пока не просплюсь, уж этого дела поправить нельзя.

Кабанова. Так ступай, спи!

Дикой. Куда же это я пойду?

Кабанова. Домой. А то куда же!

43

Дикóй. А кóли я не хочý домóй-то?

Кабанóва. Отчегó же это, позвóль тебя спросить.

Дикóй. А потомý, что у меня там войнá идёт.

Кабанóва. Да комý ж там воевáть-то? Ведь ты одúн тóлько там вóин-то и есть.

Дикóй. Ну так чтó ж, что я вóин? Ну, чтó ж из этого?

Кабанóва. Чтó? Ничегó. А и чéсть-то не великá, потомý что воюешь-то ты всю жизнь с бáбами. Вóт что.

Дикóй. Ну, знáчит, онú и должны мне покоряться. А то я, чтó ли, покоряться стáну!

Кабанóва. Уж немáло я дивлюсь на тебя: стóлько у тебя нарóду в дóме, а на тебя на одногó угодить не мóгут.

Дикóй. Вот поди ж ты!

Кабанóва. Ну, чтó ж тебé нýжно от меня?

Дикóй. А вóт что: разговорú меня, чтóбы у меня сéрдце прошлó. Ты тóлько однá во всём гóроде умéешь меня разговáривать.

Кабанóва. Поди, Феклýша, велú приготóвить закусить чтó-нибудь.

Феклýша ухóдит.

Пойдём в покóи!

Дикóй. Нет, я в покóи не пойдý, в покóях я хýже.

Кабанóва. Чем же тебя рассердúли-то?

Дикóй. Ещё с утрá с сáмого.

Кабанóва. Должнó быть, дéнег просúли.

Дикóй. Тóчно сговорúлись, проклятые; то тот, то другóй цéлый день пристаю́т.

Кабанóва. Должнó быть, нáдо, кóли пристаю́т.

44

Дико́й. Понима́ю я э́то; да что́ ж ты мне прика́жешь с собо́й де́лать, когда́ у меня́ се́рдце тако́е! Ведь уж зна́ю, что на́до отда́ть, а всё добро́м не могу́. Друг ты мне, и я тебе́ до́лжен отда́ть, а приди́ ты[57] у меня́ проси́ть — обруга́ю. Я отда́м, отда́м, а обруга́ю. Потому́ то́лько заикни́сь мне о де́ньгах, у меня́ всю ну́тренную разжига́ть ста́нет; всю ну́тренную вот разжига́ет, да и то́лько; ну, и в те поры́ ни за что́ обруга́ю челове́ка.

Кабано́ва. Нет над тобо́й ста́рших, вот ты и кура́жишься.

Дико́й. Нет, ты, кума́, молчи́! Ты слу́шай! Вот каки́е со мной исто́рии быва́ли. О посту́ ка́к-то, о вели́ком, я гове́л, а тут нелёгкая и подсу́нь[58] мужичо́нка: за деньга́ми пришёл, дрова́ вози́л. И принесло́ ж его́ на гре́х-то в тако́е вре́мя! Согреши́л-таки: изруга́л, так изруга́л, что лу́чше тре́бовать нельзя́, чуть не приби́л. Вот оно́, како́е се́рдце-то у меня́! По́сле проще́нья проси́л, в но́ги кла́нялся, пра́во, так. И́стинно тебе́ говорю́, мужику́ в но́ги кла́нялся. Вот до чего́ меня́ се́рдце дово́дит: тут на дворе́, в грязи́ ему́ и кла́нялся; при всех ему́ кла́нялся.

Кабано́ва. А заче́м ты наро́чно-то себя́ в се́рдце приво́дишь? Э́то, кум, нехорошо́.

Дико́й. Как так наро́чно?

Кабано́ва. Я вида́ла, я зна́ю. Ты ко́ли ви́дишь, что проси́ть у тебя́ чего́-нибудь хотя́т, ты возьмёшь да наро́чно из свои́х на кого́-нибудь и наки́нешься, что́бы рассерди́ться; потому́ что ты зна́ешь, что к тебе́ серди́тому никто́ уж не пойдёт. Вот что, кум!

Дико́й. Ну, что́ ж тако́е? Кому́ своего́ добра́ не жа́лко!

Гла́ша вхо́дит.

45

Глаша. Марфа Игнатьевна, закусить поставлено, пожалуйте!

Кабанова. Что ж, кум, зайди! Закуси чем Бог послал!

Дикой. Пожалуй.

Кабанова. Милости просим! (*Пропускает вперёд Дикого и уходит за ним.*)

Глаша, сложа руки, стоит у ворот.

Глаша. Никак Борис Григорьич идёт. Уж не за дядей ли? Аль так гуляет? Должно, так гуляет.

Входит Борис.

ЯВЛЕНИЕ ТРЕТЬЕ
Глаша, Борис, потом Кулигин.

Борис. Не у вас ли дядя?

Глаша. У нас. Тебе нужно, что ль, его?

Борис. Послали из дому узнать, где он. А коли у вас, так пусть сидит: кому его нужно. Дома-то ряды-радёхоньки, что ушёл.

Глаша. Нашей бы хозяйке за ним быть, она б его скоро прекратила. Что ж я, дура, стою-то с тобой! Прощай. (*Уходит.*)

Борис. Ах ты, Господи! Хоть бы одним глазком взглянуть на неё! В дом войти нельзя; здесь незваные не ходят. Вот жизнь-то! Живём в одном городе, почти рядом, а увидишься раз в неделю, и то в церкви, либо на дороге, вот и всё! Здесь что вышла замуж, что схоронили — всё равно. (*Молчание.*) Уж совсем бы мне её не видать: легче бы было! А то видишь урывками, да

46

ещё при людях; во́ сто глаз на тебя́ смо́трят. То́лько
се́рдце надрыва́ется. Да и с собо́й-то не сла́дишь ника́к.
Пойдёшь гуля́ть, а очу́тишься всегда́ здесь у воро́т.
И заче́м я хожу́ сюда́? Ви́деть её никогда́ нельзя́, а ещё,
пожа́луй, разгово́р како́й вы́дет, её-то в беду́ введёшь.
Ну, попа́л я в городо́к! (*Идёт, ему́ навстре́чу Кули́гин.*)

Кули́гин. Что́, су́дарь? Гуля́ть изво́лите?

Бори́с. Да, так гуля́ю себе́, пого́да о́чень хороша́
ны́нче.

Кули́гин. О́чень хорошо́, су́дарь, гуля́ть тепе́рь.
Тишина́, во́здух отли́чный, из-за Во́лги с луго́в цвета́ми
па́хнет, не́бо чи́стое...

> Откры́лась бе́здна звёзд полна́,
> Звезда́м числа́ нет, бе́здне — дна́.[60]

Пойдёмте, су́дарь, на бульва́р, ни души́ там нет.

Бори́с. Пойдёмте!

Кули́гин. Вот како́й, су́дарь, у нас городи́шко!
Бульва́р сде́лали, а не гуля́ют. Гуля́ют то́лько по
пра́здникам, и то оди́н вид де́лают, что гуля́ют, а са́ми
хо́дят туда́ наря́ды пока́зывать. То́лько пья́ного при-
ка́зного и встре́тишь, из тракти́ра домо́й плетётся.
Бе́дным гуля́ть, су́дарь, не́когда, у них день и ночь
рабо́та. И спя́т-то всего́ часа́ три в су́тки. А бога́тые-то
что де́лают? Ну, что́ бы, ка́жется, им не гуля́ть, не
дыша́ть све́жим во́здухом? Так нет. У всех давно́
воро́та, су́дарь, за́перты и соба́ки спу́щены. Вы, ду́-
маете, они́ де́ло де́лают, ли́бо Бо́гу мо́лятся? Нет, су́-
дарь! И не от воро́в они́ запира́ются, а чтоб лю́ди не
вида́ли, как они́ свои́х дома́шних едя́т поедо́м да семью́
тира́нят. И что слёз льётся за э́тими запо́рами, неви́-

димых и неслы́шимых! Да что́ вам говори́ть, су́дарь! По себе́ мо́жете суди́ть. И что́, су́дарь, за э́тими замка́ми развра́ту тёмного да пья́нства! И всё ши́то да кры́то — никто́ ничего́ не ви́дит и не зна́ет, ви́дит то́лько оди́н Бог! Ты, говори́т, смотри́ в лю́дях меня́ да на у́лице; а до семьи́ мое́й тебе́ де́ла нет; на э́то, говори́т, у меня́ есть замки́, да запо́ры, да соба́ки злы́е. Семья́, говори́т, де́ло та́йное, секре́тное! Зна́ем мы э́ти секре́ты--то! От э́тих секре́тов-то, су́дарь, ему́ то́лько одному́ ве́село, а остальны́е — во́лком во́ют.[61] Да и что́ за секре́т? Кто его́ не зна́ет! Огра́бить сиро́т, ро́дственников, племя́нников, заколоти́ть дома́шних так, что́бы ни об чём, что он там твори́т, пи́кнуть не сме́ли. Вот и весь секре́т. Ну, да Бог с ни́ми! А зна́ете, су́дарь, кто у нас гуля́ет? Молоды́е па́рни да де́вушки. Так э́ти у сна вору́ют ча́сик—друго́й, ну и гуля́ют па́рочками. Да вот па́ра.

Пока́зываются Кудря́ш и Варва́ра. Целу́ются.

Бори́с. Целу́ются.

Кули́гин. Это у нас нужды́ нет.

Кудря́ш ухо́дит, а Варва́ра подхо́дит к свои́м воро́там и ма́нит Бори́са. Он подхо́дит.

ЯВЛЕ́НИЕ ЧЕТВЁРТОЕ

Бори́с, Кули́гин и Варва́ра.

Кули́гин. Я, су́дарь, на бульва́р пойду́. Что́ вам меша́ть-то? Там и подожду́.

Бори́с. Хорошо́, я сейча́с приду́.

Кули́гин ухо́дит.

48

Варвáра (*закрывáясь платкóм*). Знáешь оврáг за Кабанóвым сáдом?⁶²

Борúс. Знáю.

Варвáра. Приходú тудá ужó попóзже.

Борúс. Зачéм?

Варвáра. Какóй ты глýпый! Приходú, там увúдишь зачéм. Ну, ступáй скорéй, тебя́ дожидáются.

Борúс ухóдит.

Не узнáл ведь! Пущáй тепéрь подýмает. А ужóтка я знáю, что Катерúна не утéрпит, вы́скочит. (*Ухóдит в ворóта.*)

СЦÉНА 2-я

Ночь. Оврáг, покры́тый кустáми; наверхý забóр сáда Кабанóвых и калúтка; свéрху тропúнка.

ЯВЛÉНИЕ ПÉРВОЕ

Кудря́ш (*вхóдит с гитáрой*). Нет никогó. Чтó ж э́то онá там! Ну, посидúм да подождём. (*Садúтся на кáмень.*) Да со скýки пéсенку споём. (*Поёт.*)

<blockquote>
Как донскóй-то казáк, казáк вёл коня́ пойть,
Дóбрый мóлодец,⁶³ уж он у ворóт стоúт,
У ворóт стоúт, сам он дýму дýмает,
Дýму дýмает, как бýдет женý губúть,
Как женá-то, женá мýжу возмолúлася,
Во скоры́-то нóги емý поклонúлася:
Уж ты, бáтюшка, ты́ ли мил сердéчный друг!
Ты не бей, не губú ты меня́ со вéчера!
Ты убéй, загубú меня́ со полýночи!
Дай уснýть мойм мáлым дéтушкам,
Мáлым дéтушкам, всем блúжним сосéдушкам.
</blockquote>

Вхóдит Борúс.

ЯВЛЕНИЕ ВТОРОЕ

Кудряш и Борис.

Кудряш (*перестаёт петь*). Ишь ты! Смирён, смирён, а тоже в разгул пошёл.

Борис. Кудряш, это ты?

Кудряш. Я, Борис Григорьич!

Борис. Зачем это ты здесь?

Кудряш. Я-то? Стало быть, мне нужно, Борис Григорьич, коли я здесь. Без надобности б не пошёл. Вас куда Бог несёт?

Борис (*оглядывая местность*). Вот что, Кудряш: мне бы нужно здесь остаться, а тебе ведь, я думаю, всё равно, ты можешь идти и в другое место.

Кудряш. Нет, Борис Григорьич, вы, я вижу, здесь ещё в первый раз, а у меня уж тут место насиженное, и дорожка-то мной протоптана. Я вас люблю, сударь, и на всякую вам услугу готов, а на этой дорожке вы со мной ночью не встречайтесь, чтобы, сохрани Господи, греха какого не вышло. Уговор лучше денег.

Борис. Что с тобой, Ваня?

Кудряш. Да что: Ваня! Я знаю, что я Ваня. А вы идите своей дорогой, вот и всё. Заведи себе сам, да и гуляй себе с ней, и никому до тебя дела нет. А чужих не трогай! У нас так не водится, а то парни ноги переломают. Я за свою... да я и не знаю, что сделаю! Горло перерву!

Борис. Напрасно ты сердишься; у меня и на уме-то нет отбивать у тебя. Я бы и не пришёл сюда, кабы мне не велели.

Кудряш. Кто ж велел?

50

Борис. Я не разобрал, темно было. Девушка какая-то остановила меня на улице и сказала, чтобы я именно сюда пришёл, сзади сада Кабановых, где тропинка.

Кудряш. Кто ж бы это такая?

Борис. Послушай, Кудряш. Можно с тобой поговорить по душе, ты не разболтаешь?

Кудряш. Говорите, не бойтесь! У меня всё одно что умерло.

Борис. Я здесь ничего не знаю, ни порядков ваших, ни обычаев; а дело-то такое...

Кудряш. Полюбили, что ль, кого?

Борис. Да, Кудряш.

Кудряш. Ну, что ж, это ничего. У нас насчёт этого слободно. Девки гуляют себе, как хотят, отцу с матерью и дела нет. Только бабы взаперти сидят.

Борис. То-то и горе моё.

Кудряш. Так неужто ж замужнюю полюбили?

Борис. Замужнюю, Кудряш.

Кудряш. Эх, Борис Григорьич, бросить надоть!

Борис. Легко сказать — бросить! Тебе это, может быть, всё равно; ты одну бросишь, а другую найдёшь. А я не могу этого! Уж я коли полюбил...

Кудряш. Ведь это, значит, вы её совсем загубить хотите, Борис Григорьич!

Борис. Сохрани Господи! Сохрани меня Господи! Нет, Кудряш, как можно. Захочу ли я её погубить! Мне только бы видеть её где-нибудь, мне больше ничего не надо.

Кудряш. Как, сударь, за себя поручиться! А ведь здесь какой народ! Сами знаете. Съедят, в гроб вколотят.

51

Борис. Ах, не говори этого, Кудряш, пожалуйста, не пугай ты меня!

Кудряш. А она-то вас любит?

Борис. Не знаю.

Кудряш. Да вы видались когда, аль нет?

Борис. Я один раз только и был у них с дядей. А то в церкви вижу, на бульваре встречаемся. Ах, Кудряш, как она молится, кабы ты посмотрел! Какая у ней на лице улыбка ангельская, а от лица-то как будто светится.

Кудряш. Так это молодая Кабанова, что ль?

Борис. Она, Кудряш.

Кудряш. Да! Так вот оно что!⁶⁴ Ну, честь имеем проздравить!

Борис. С чем?

Кудряш. Да как же! Значит, у вас дело на лад идёт, коли сюда приходить велели.

Борис. Так неужто она велела?

Кудряш. А то кто же?

Борис. Нет, ты шутишь! Этого быть не может. (*Хватается за голову.*)

Кудряш. Что с вами?

Борис. Я с ума сойду от радости.

Кудряш. Вота! Есть от чего с ума сходить!⁶⁵ Только вы смотрите — себе хлопот не наделайте, да и её-то в беду не введите! Положим, хоть у неё муж и дурак, да свекровь-то больно люта.

Варвара выходит из калитки.

52

ЯВЛЕ́НИЕ ТРЕ́ТЬЕ

Те же и Варва́ра, пото́м Катери́на.

Варва́ра (*у кали́тки поёт*).

За реко́ю, за бы́строю, мой Ва́ня гуля́ет,
Там мой Ваню́шка гуля́ет . . .

Кудря́ш (*продолжа́ет*).

Това́р закупа́ет . . .

(*Сви́щет.*)

Варва́ра (*схо́дит по тропи́нке и, закры́в лицо́ плат-
ко́м, подхо́дит к Бори́су*). Ты, па́рень, подожди́. Дождёшься чего́-нибудь. (*Кудряшу́*). Пойдём на Во́лгу.

Кудря́ш. Ты что ж так до́лго? Ждать вас ещё!
Зна́ешь, что не люблю́!

Варва́ра обнима́ет его́ одно́й руко́й и ухо́дят.

Бори́с. То́чно я сон како́й ви́жу! Э́та ночь, пе́сни,
свида́ния! Хо́дят обня́вшись. Э́то так но́во для меня́,
так хорошо́, так ве́село! Вот и я жду чего́-то! А
чего́ жду — и не зна́ю, и вообрази́ть не могу́; то́ль-
ко бьётся се́рдце да дрожи́т ка́ждая жи́лка. Не могу́
да́же и приду́мать тепе́рь, что сказа́ть-то ей, дух захва́-
тывает, подгиба́ются коле́ни! Вот како́е у меня́ се́рдце
глу́пое, раскипи́тся вдруг, ниче́м не уня́ть. Вот идёт.

Катери́на ти́хо схо́дит по тропи́нке, покры́тая больши́м бе́лым
платко́м, поту́пив глаза́ в зе́млю. Молча́ние.

Э́то вы, Катери́на Петро́вна? (*Молча́ние.*) Уж как мне
благодари́ть вас, я и не зна́ю. (*Молча́ние.*) Кабы́ вы
зна́ли, Катери́на Петро́вна, как я люблю́ вас! (*Хо́чет
взять её за́ руку.*)

Катери́на (*с испу́гом, но не поднима́я глаз*). Не тро́гай, не тро́гай меня́! Ах, ах!

Бори́с. Не серди́тесь!

Катери́на. Поди́ от меня́! Поди́ прочь, окая́нный челове́к! Ты зна́ешь ли: ведь мне не замоли́ть э́того греха́, не замоли́ть никогда́! Ведь он ка́мнем ля́жет на́ ду́шу, ка́мнем.

Бори́с. Не гони́те меня́!

Катери́на. Заче́м ты пришёл? Заче́м ты пришёл, погуби́тель мой?[67] Ведь я за́мужем, ведь мне с му́жем жить до гробово́й доски́!

Бори́с. Вы са́ми веле́ли мне прийти́...

Катери́на. Да пойми́ ты меня́, враг ты мой: ведь до гробово́й доски́!

Бори́с. Лу́чше б мне не вида́ть вас!

Катери́на (*с волне́нием*). Ведь что́ я себе́ гото́влю! Где мне ме́сто-то, зна́ешь ли?

Бори́с. Успоко́йтесь! (*Берёт её за́ руку.*) Ся́дьте!

Катери́на. Заче́м ты мое́й поги́бели хо́чешь?

Бори́с. Ка́к же я могу́ хоте́ть ва́шей поги́бели, когда́ я люблю́ вас бо́льше всего́ на све́те, бо́льше самого́ себя́!

Катери́на. Нет, нет! Ты меня́ загуби́л!

Бори́с. Ра́зве я злоде́й како́й?

Катери́на (*кача́я голово́й*). Загуби́л, загуби́л, загуби́л!

Бори́с. Сохрани́ меня́ Бог! Пусть лу́чше я сам поги́бну!

Катери́на. Ну ка́к же ты не загуби́л меня́, ко́ли я, бро́сивши дом, но́чью иду́ к тебе́.

Бори́с. Ва́ша во́ля была́ на то.[68]

Катери́на. Нет у меня́ во́ли. Кабы́ была́ у меня́ своя́ во́ля, не пошла́ бы я к тебе́. (*Поднима́ет глаза́ и смо́трит на Бори́са. Небольшо́е молча́ние.*) Твоя́ тепе́рь во́ля надо мной, ра́зве ты не ви́дишь! (*Кида́ется к нему́ на ше́ю.*)

Бори́с (*обнима́ет Катери́ну*). Жизнь моя́!

Катери́на. Зна́ешь что? Тепе́рь мне умере́ть вдруг захоте́лось!

Бори́с. Заче́м умира́ть, ко́ли нам жить так хорошо́?

Катери́на. Нет, мне не жить! Уж я зна́ю, что не жить.

Бори́с. Не говори́, пожа́луйста, таки́х слов, не печа́ль меня́...

Катери́на. Да, тебе́ хорошо́, ты во́льный каза́к, а я!..

Бори́с. Никто́ и не узна́ет про на́шу любо́вь. Неуже́ли же я тебя́ не пожале́ю!

Катери́на. Э! Что́ меня́ жале́ть, никто́ не винова́т, — сама́ на то пошла́. Не жале́й, губи́ меня́! Пусть все зна́ют, пусть все ви́дят, что́ я де́лаю! (*Обнима́ет Бори́са.*) Ко́ли я для тебя́ греха́ не побоя́лась, побою́сь ли я людско́го суда́? Говоря́т, да́же ле́гче быва́ет, когда́ за како́й-нибудь грех здесь, на земле́, натерпишься.

Бори́с. Ну, что об э́том ду́мать, бла́го нам тепе́рь-то хорошо́!

Катери́на. И то! Наду́маться-то да напла́каться-то ещё успе́ю на досу́ге.

Бори́с. А я бы́ло испуга́лся, я ду́мал, ты меня́ прого́нишь.

Катери́на (*улыба́ясь*). Прогна́ть! Где уж! С на́шим ли се́рдцем! Кабы́ ты не пришёл, так я, ка́жется, сама́ бы к тебе́ пришла́.

Кудря́ш. Уж тебя́ взять на э́то.[70] А ма́ть-то не хва́-тится?..

Варва́ра. Э! Куда́ ей! Ей и в ло́б-то не влети́т.

Кудря́ш. А ну, на грех?

Варва́ра. У неё пе́рвый сон кре́пок; вот к утру́, так просыпа́ется.

Кудря́ш. Да ведь как знать! Вдруг её нелёгкая подни́мет?

Варва́ра. Ну, так что́ ж! У нас кали́тка-то, кото́рая со двора́, изнутри́ заперта́, из са́ду;[71] постучи́т, постучи́т, да так и пойдёт. А поутру́ мы ска́жем, что кре́пко спа́ли, не слыха́ли. Да и Гла́ша стережёт; чуть что́, она́ сейча́с го́лос пода́ст. Без опа́ски нельзя́! Ка́к же мо́жно! Того́ гляди́ в беду́ попадёшь.

Кудря́ш берёт не́сколько акко́рдов на гита́ре. Варва́ра прилега́ет к плечу́ Кудряша́, кото́рый, не обраща́я внима́ния, ти́хо игра́ет.

Варва́ра (*зева́я*). Как бы э́то узна́ть, кото́рый час?

Кудря́ш. Пе́рвый.

Варва́ра. Почём ты зна́ешь?

Кудря́ш. Сто́рож в до́ску бил.[72]

Варва́ра (*зева́я*). Пора́. Покричи́-ка. За́втра мы пора́ньше вы́дем, так побо́льше погуля́ем.

Кудря́ш (*сви́щет и гро́мко запева́ет*).

Все домо́й, все домо́й!
А я домо́й не хочу́.

Бори́с (*за сце́ной*). Слы́шу!

Варва́ра (*встаёт*). Ну, проща́й! (*Зева́ет, пото́м целу́ет хо́лодно, как давно́ знако́мого.*) За́втра, смо-

Борис. Я и не знал, что ты меня любишь.

Катерина. Давно люблю. Словно на грех ты к нам приехал. Как увидела тебя, так уж не своя стала. С первого же раза, кажется, кабы ты поманил меня, я бы и пошла за тобой; иди ты хоть на край света, я бы всё шла за тобой и не оглянулась бы.

Борис. Надолго ль муж-то уехал?

Катерина. На две недели.

Борис. О, так мы погуляем! Время-то довольно.[69]

Катерина. Погуляем. А там... (*Задумывается*)... как запрут на замок, вот смерть! А не запрут, так уж найду случай повидатья с тобой!

> Входят Кудряш и Варвара.

ЯВЛЕНИЕ ЧЕТВЁРТОЕ

Те же, Кудряш и Варвара.

Варвара. Ну, что, сладили?

> Катерина прячет лицо у Бориса на груди.

Борис. Сладили.

Варвара. Пошли бы, погуляли, а мы подождём. Когда нужно будет, Ваня крикнет.

> Борис и Катерина уходят. Кудряш и Варвара садятса на камень.

Кудряш. А это вы важную штуку придумали, в садовую калитку лазить. Оно для нашего брата оченно способно.

Варвара. Всё я.

трѝте, приходѝте пора́ньше! (*Смо́трит в ту сто́рону, куда́ пошлѝ Борѝс и Катерѝна.*) Бу́дет вам проща́ться-то, не наве́к расстаётесь, за́втра увѝдитесь. (*Зева́ет и потя́гивается.*)

Вбега́ют Катерѝна, за ней Борѝс.

ЯВЛЕ́НИЕ ПЯ́ТОЕ

Кудря́ш, Варва́ра, Борѝс и Катерѝна.

Катерѝна (*Варва́ре*). Ну, пойдём, пойдём! (*Всхо́дят по тропѝнке, Катерѝна обора́чивается.*) Проща́й!
Борѝс. До за́втра!
Катерѝна. Да, до за́втра! Что́ во сне увѝдишь, скажѝ! (*Подхо́дит к калѝтке.*)
Борѝс. Непреме́нно.
Кудря́ш (*поёт под гита́ру*).

> Гуля́й, мла́да, до поры́,
> До вече́рней до зари́!
> Ай — ле́ли, до поры́,
> До вече́рней до зари́.

Варва́ра (*у калѝтки*).

> А я, мла́да, до поры́,
> До у́тренней до зари́,
> Ай — ле́ли, до поры́,
> До у́тренней до зари́!

> Ухо́дит.

Кудря́ш.

> Как зо́рюшка заняла́сь,
> А я домо́й подняла́сь
> и т. д.

58

ДЕЙСТВИЕ ЧЕТВЁРТОЕ

На пе́рвом пла́не у́зкая галере́я со сво́дами стари́нной, начина́ющей разруша́ться постро́йки; кой-где́ трава́ и кусты́; за а́рками бе́рег и вид на Во́лгу.

ЯВЛЕ́НИЕ ПЕ́РВОЕ

Не́сколько гуля́ющих обо́его по́ла[73] прохо́дят за а́рками.

1-й. Дождь накра́пывает, как бы гроза́ не собрала́сь?

2-й. Гляди́, сберётся.

1-й. Ещё хорошо́, что есть где схорони́ться.

Вхо́дят все под сво́ды.

Же́нщина. А что́ наро́ду-то гуля́ет на бульва́ре! День пра́здничный, все повы́шли. Купчи́хи таки́е разря́женные.

1-й. Попря́чутся куда́-нибудь.

2-й. Гляди́, что́ тепе́рь наро́ду сюда́ набьётся!

1-й (*осма́тривая сте́ны*). А ведь тут, бра́тец ты мой, когда́-нибудь, зна́чит, распи́сано бы́ло. И тепе́рь ещё места́ми означа́ет.

2-й. Ну, да, ка́к же! Само́ собо́й, что распи́сано бы́ло. Тепе́рь, ишь ты, всё впу́сте оста́влено, развали́лось, заросло́. По́сле пожа́ру[74] так и не поправля́ли. Да ты и пожа́ру-то э́того не по́мнишь, э́тому лет со́рок бу́дет.

1-й. Что́ бы э́то тако́е, бра́тец ты мой, тут нарисо́вано бы́ло; дово́льно затрудни́тельно э́то понима́ть.

2-й. Э́то гее́нна о́гненная.

1-й. Так, бра́тец ты мой!

2-й. И е́дут туда́ вся́кого зва́ния лю́ди.

1-й. Так, так, по́нял тепе́рь.

2-й. И вся́кого чи́ну.

59

1-й. И ара́пы?

2-й. И ара́пы.

1-й. А э́то, бра́тец ты мой, что́ тако́е?

2-й. А э́то Лито́вское разоре́ние. Битва́! ви́дишь? Как на́ши с Литво́й би́лись.[75]

1-й. Что́ ж это тако́е Литва́?

2-й. Так она́ Литва́ и есть.

1-й. А говоря́т, бра́тец ты мой, она́ на нас с не́ба упа́ла.

2-й. Не уме́ю тебе́ сказа́ть. С не́ба, так с не́ба.

Же́нщина. Толку́й ещё! Все зна́ют, что с не́ба; и где был како́й бой с ней, там для па́мяти курга́ны насы́паны.

1-й. А что́, бра́тец ты мой! Ведь э́то так то́чно.

Вхо́дит Дико́й и за ним Кули́гин без ша́пки. Все кла́няются и принима́ют почти́тельное положе́ние.

ЯВЛЕ́НИЕ ВТОРО́Е

Те же, Дико́й и Кули́гин.

Дико́й. Ишь ты, замочи́ло всего́. (*Кули́гину.*) Отста́нь ты от меня́! Отста́нь! (*С се́рдцем.*) Глу́пый челове́к!

Кули́гин. Савёл Проко́фьич, ведь от э́того, ва́ше степе́нство, для всех вообще́ обыва́телей по́льза.

Дико́й. Поди́ ты прочь! Кака́я по́льза! Кому́ нужна́ э́та по́льза?

Кули́гин. Да хоть бы для вас, ва́ше степе́нство, Савёл Проко́фьич. Вот бы, су́дарь, на бульва́ре, на чи́стом ме́сте, и поста́вить. А како́й расхо́д? Расхо́д пусто́й: сто́лбик ка́менный (*пока́зывает же́стами разме́р ка́ждой ве́щи*), доще́чку ме́дную, таку́ю кру́глую, да шпи́льку, вот шпи́льку прямую (*пока́зывает жéстом*), простую сáмую. Уж я всё э́то прилáжу, и ци́фры вы́режу ужé всё сам. Тепéрь вы, вáше степéнство, когдá изво́лите гуля́ть, и́ли про́чие, кото́рые гуля́ющие, сейчáс подойдёте и ви́дите, кото́рый час. А то э́такое мéсто прекрáсное, и вид, и всё, а как бýдто пýсто. У нас тóже, вáше степéнство, и проéзжие бывáют, хóдят тудá нáши ви́ды смотрéть, всё-таки украшéние, — для глаз онó прия́тней.

Д и к ó й. Да что ты ко мне лéзешь со вся́ким вздóром! Мóжет, я с тобóй и говори́ть-то не хочý. Ты дóлжен был прéжде узнáть, в расположéнии ли я тебя́ слýшать, дуракá, и́ли нет. Что я тебé — рóвный, что ли! Ишь ты — какóе дéло нашёл вáжное! Так пря́мо с ры́лом-то и лéзет разговáривать.

К у л и́ г и н. Кабы́ я со свои́м дéлом лез, ну, тогдá был бы я виновáт. А то я для óбщей пóльзы, вáше степéнство. Ну, что знáчит для óбщества каки́х-нибудь рублéй дéсять! Бóльше, сýдарь, не понáдобится.

Д и к ó й. А мóжет, ты укрáсть хóчешь; кто тебя́ знáет!

К у л и́ г и н. Кóли я свой трудьı́ хочý дáром положи́ть, что же я могý укрáсть, вáше степéнство? Да меня́ здесь все знáют; про меня́ никтó дýрно не скáжет.

Д и к ó й. Ну, и пущáй знáют, а я тебя́ знать не хочý.

К у л и́ г и н. За что, сýдарь, Савёл Прокóфьич, чéстного человéка обижáть изво́лите?

Д и к ó й. Отчёт, что ли, я стáну тебé давáть! Я и повáжней тебя́ никомý отчёта не даю́. Хочý так дýмать о тебé, так и дýмаю. Для другúх ты чéстный человéк, а я дýмаю, что ты разбóйник, вот и всё. Хотéлось тебé э́то слы́шать от меня́? Так вот слýшай! Говорю́, что разбойник, и конéц! Чтó ж ты, судúться, что ли, со мной бýдешь! Так ты знай, что ты червя́к. Захочý — помúлую, захочý — раздавлю́.

Кулúгин. Бог с вáми, Савёл Прокóфьич! Я, сýдарь, мáленький человéк, меня́ обúдеть недóлго. А я вам вóт что доложý, вáше степéнство: «И в рýбище почтéнна добродéтель!»[76]

Дикóй. Ты у меня́ грубúть не смей! Слы́шишь ты!

Кулúгин. Никакóй я грýбости вам, сýдарь, не дéлаю; а говорю́ вам потомý, что, мóжет быть, вы и вздýмаете когдá чтó-нибудь для гóрода сдéлать. Сúлы у вас, вáше степéнство, мнóго; былá б тóлько вóля на дóброе дéло. Вот хоть бы тепéрь тó возьмём: у нас грóзы чáстые, а не заведём мы громовы́х отвóдов.

Дикóй (гóрдо). Всё суетá!

Кулúгин. Да какáя же суетá, когдá óпыты бы́ли.

Дикóй. Какúе-такúе там у тебя́ громовы́е отвóды?

Кулúгин. Стальны́е.

Дикóй (с гнéвом). Ну, ещё чтó?

Кулúгин. Шесты́ стальны́е.

Дикóй (сердя́сь бóлее и бóлее). Слы́шал, что шесты́, áспид ты э́такой; да ещё-то чтó? Налáдил: шесты́! Ну а ещё чтó?

Кулúгин. Ничегó бóльше.

Дикóй. Да грозá-то чтó такóе, по-твóему? а? Ну, говорú!

Кулúгин. Электрúчество.

Дикóй (тóпнув ногóй). Какóе ещё там элестрúчество! Ну кáк же ты не разбóйник! Грозá-то нам в наказáние посылáется, чтобы мы чýвствовали, а ты хóчешь шестáми да рожнáми какúми-то, простú Гóсподи, оборо-

62

няться. Что́ ты, тата́рин, что́ ли? Тата́рин ты? А? Говори́! Тата́рин?

Кули́гин. Савёл Проко́фьич, ва́ше степе́нство, Держа́вин сказа́л:

> Я те́лом в пра́хе истлева́ю,
> Умо́м грома́м повелева́ю![77]

Дико́й. А за э́ти вот слова́ тебя́ к городни́чему отпра́вить, так он тебе́ зада́ст! Эй, почте́нные! прислу́шайте-ко, что́ он говори́т!

Кули́гин. Не́чего де́лать, на́до покори́ться! А вот когда́ бу́дет у меня́ миллио́н, тогда́ я поговорю́. (*Махну́в руко́й, ухо́дит.*)

Дико́й. Что́ ж ты, украдёшь, что́ ли, у кого́? Держи́те его́! Э́такой фальши́вый мужичо́нко! С э́тим наро́дом кому́ на́до быть челове́ку? Я уж не зна́ю. (*Обраща́ясь к наро́ду.*) Да вы, прокля́тые, хоть кого́ в грех введёте! Вот не хоте́л ны́нче серди́ться, а он, как наро́чно, рассерди́л-таки. Чтоб ему́ провали́ться! (*Серди́то.*) Переста́л, что́ ль, до́ждик-то?

1-й. Ка́жется, переста́л.

Дико́й. Ка́жется! А ты, дура́к, сходи́ да посмотри́. А то: ка́жется.

1-й (*вы́йдя из-под сво́дов*). Переста́л!

Дико́й ухо́дит, и все за ним. Сце́на не́сколько вре́мени пуста́. Под сво́ды бы́стро вхо́дит Варва́ра и, притаи́вшись, высма́тривает.

ЯВЛЕ́НИЕ ТРЕ́ТЬЕ

Варва́ра и пото́м Бори́с.

Варва́ра. Ка́жется, он!

Бори́с прохо́дит в глубине́ сце́ны.

Сс-сс!

Бори́с огля́дывается.

Поди́ сюда́.

Ма́нит руко́й. Бори́с вхо́дит.

Что́ нам с Катери́ной-то де́лать? Скажи́ на ми́лость!

Бори́с. А что́?

Варва́ра. Беда́ ведь, да и то́лько. Муж прие́хал, ты зна́ешь ли э́то? И не жда́ли его́, а он прие́хал.

Бори́с. Нет, я не знал.

Варва́ра. Она́ про́сто сама́ не своя́ сде́лалась.

Бори́с. Ви́дно, то́лько я и пожи́л де́сять денько́в, пока́ его́ не́ было. Уж тепе́рь и не уви́дишь её!

Варва́ра. Ах ты како́й! Да ты слу́шай! Дрожи́т вся, то́чно её лихора́дка бьёт; бле́дная така́я, ме́чется по до́му, то́чно чего́ и́щет. Глаза́ как у поме́шанной! Да́веча у́тром пла́кать приняла́сь, так и рыда́ет. Ба́тюшки мой! что мне с ней де́лать?

Бори́с. Да, мо́жет быть, пройдёт э́то у неё!

Варва́ра. Ну, уж едва́ ли. На му́жа не сме́ет глаз подня́ть. Ма́менька замеча́ть э́то ста́ла, хо́дит да всё на неё ко́сится, так змеёй и смо́трит; а она́ от э́того ещё ху́же. Про́сто му́ка гляде́ть-то на неё! Да и бою́сь я.

Бори́с. Чего́ же ты бои́шься?

Варва́ра. Ты её не зна́ешь! Она́ ведь чудна́я кака́я-то у нас. От неё всё ста́нется! Таки́х дел наде́лает, что...

Бори́с. Ах, бо́же мой! Что́ же де́лать-то! Ты бы с ней поговори́ла хороше́нько. Неу́жли уж нельзя́ её уговори́ть?

Варва́ра. Про́бовала. И не слу́шает ничего́. Лу́чше и не подходи́.

Бори́с. Ну, ка́к же ты ду́маешь, что́ она́ мо́жет сде́-
лать?

Варва́ра. А во́т что: бу́хнет му́жу в но́ги, да и рас-
ска́жет всё. Вот чего́ я бою́сь.

Бори́с (*с испу́гом*). Мо́жет ли э́то быть!

Варва́ра. От неё всё мо́жет быть.

Бори́с. Где она́ тепе́рь?

Варва́ра. Сейча́с с му́жем на бульва́р пошли́, и
ма́менька с ни́ми. Пройди́ и ты, ко́ли хо́чешь. Да нет,
лу́чше не ходи́, а то она́, пожа́луй, и во́все растеря́ется.

Вдали́ уда́ры гро́ма.

Ника́к гроза́? (*Выгля́дывает.*) Да и до́ждик. А вот и на-
ро́д повали́л. Спря́чься там, где́-нибудь, а я тут на виду́
ста́ну, чтоб не поду́мали чего́.

Вхо́дят не́сколько лиц ра́зного зва́ния и по́ла.

ЯВЛЕ́НИЕ ЧЕТВЁРТОЕ

Ра́зные ли́ца и пото́м Кабано́ва, Кабано́в, Катери́на и
Кули́гин.

1-й. Должно́ быть, ба́бочка-то о́чень бои́тся, что так
торо́пится спря́таться.

Же́нщина. Да уж как ни пря́чься! Ко́ли кому́ на
роду́ напи́сано, так никуда́ не уйдёшь.

Катери́на (*вбега́я*). Ах! Варва́ра! (*Хвата́ет её за́
руку и де́ржит кре́пко.*)

Варва́ра. По́лно, что ты!

Катери́на. Смерть моя́!

Варва́ра. Да ты оду́майся! Собери́сь с мы́слями!

Катери́на. Нет! Не могу́. Ничего́ не могу́. У меня́
уж о́чень се́рдце боли́т.

65

Кабанóва (*входя́*). Тó-то вот, нáдо жúть-то так, чтóбы всегдá быть готóвой ко всемý; стрáху-то бы такогó нé было.

Кабанóв. Да какúе ж, мáменька, у неё грехú такúе мóгут быть осóбенные! Все такúе же, как и у всех у нас, а э́то так уж онá от прирóды бойтся.

Кабанóва. А ты почём знáешь? Чужáя душá потёмки.

Кабанóв (*шутя́*). Уж рáзве без меня́ чтó-нибудь, а при мне, кажúсь, ничегó нé было.

Кабанóва. Мóжет быть, и без тебя́.

Кабанóв (*шутя́*). Кáтя, кáйся, брат, лýчше, кóли в чём грешнá. Ведь от меня́ не скрóешься; нет, шалúшь! Всё знáю!

Катерúна (*смóтрит в глазá Кабанóву*). Голýбчик мой!

Варвáра. Ну, что ты пристаёшь! Рáзве не вúдишь, что ей без тебя́ тяжелó.

Борúс выхóдит из толпы́ и расклáнивается с Кабанóвым.

Катерúна (*вскрúкивает*). Ах!

Кабанóв. Чтó ты испугáлась! Ты дýмала, чужóй? Это знакóмый! Дя́дюшка здорóв ли?

Борúс. Слáва Бóгу!

Катерúна (*Варвáре*). Чегó емý ещё нáдо от меня́?.. Или емý мáло э́того, что я так мýчаюсь. (*Приклоня́ясь к Варвáре, рыдáет.*)

Варвáра (*грóмко, чтóбы мать слы́шала*). Мы с ног сбúлись, не знáем, чтó дéлать с ней; а тут ещё посторо́нние лéзут! (*Дéлает Борúсу знак, тот отхóдит к сáмому вы́ходу.*)

Кулигин (*выходит на середину, обращаясь к толпе*). Ну чего вы бойтесь, скажите на милость! Каждая теперь травка, каждый цветок радуется, а мы прячемся, боимся, точно напасти какой! Гроза убьёт! Не гроза это, а благодать! Да, благодать! У вас всё гроза! Северное сияние загорится, любоваться бы надобно да дивиться премудрости: «С полночных стран встаёт заря»![78] А вы ужасаетесь да придумываете, к войне это или к мору. Комета ли идёт, — не отвёл бы глаз! красота! звёзды-то уж пригляделись, всё одни и те же, а это обновка; ну смотрел бы, да любовался! А вы бойтесь и взглянуть-то на небо, дрожь вас берёт! Изо всего-то вы себе пугал наделали. Эх, народ! Я вот не боюсь. Пойдёмте, сударь!

Борис. Пойдёмте! Здесь страшнее!

Уходят.

ЯВЛЕНИЕ ПЯТОЕ

Те же без Бориса и Кулигина.

Кабанова. Ишь, какие рацеи развёл! Есть чтó послушать, уж нечего сказать! Вот времена-то пришли, какие-то учители появились. Коли старик так рассуждает, чего уж от молодых-то требовать!

Женщина. Ну, всё небо обложило. Ровно шапкой, так и накрыло.

1-й. Эко, братец ты мой, точно клубком туча-то вьётся, ровно что в ней там живое ворочается. А так на нас и ползёт, так и ползёт, как живая!

2-й. Уж ты помяни моё слово, что эта гроза даром не пройдёт. Верно тебе говорю: потому знаю. Либо уж

67

убьёт кого-нибудь, либо дом сгорит; вот увидишь: потому, смотри! какой цвет необнакновенный!

Катерина (*прислушиваясь*). Что они говорят? Они говорят, что убьёт кого-нибудь.

Кабанов. Известно, так городят зря, что в голову придёт.

Кабанова. Ты не осуждай постарше себя! Они больше твоего знают. У старых людей на всё приметы есть. Старый человек на ветер слова не скажет.

Катерина (*мужу*). Тиша, я знаю, кого убьёт.

Варвара (*Катерине тихо*). Ты уж хоть молчи-то!

Кабанов. Ты почём знаешь?

Катерина. Меня убьёт. Молитесь тогда за меня!

Входит барыня с лакеями. Катерина с криком прячется.

ЯВЛЕНИЕ ШЕСТОЕ

Те же и барыня.

Барыня. Что прячешься! Нечего прятаться! Видно, боишься: умирать-то не хочется! Пожить хочется! Как не хотеться! видишь, какая красавица! Ха, ха, ха! Красота! А ты молись Богу, чтоб отнял красоту-то! Красота-то ведь погибель наша! Себя погубишь, людей соблазнишь, вот тогда и радуйся красоте-то своей. Много, много народу в грех введёшь! Вертопрахи на поединки выходят, шпагами колят друг друга. Весело! Старики старые, благочестивые, об смерти забывают, соблазняются на красоту-то! А кто отвечать будет? За всё тебе отвечать придётся. В омут лучше с красотой-то! Да скорей, скорей!

Катерина прячется.

Куда́ пря́чешься, глу́пая! От Бо́га-то не уйдёшь! (*Уда́р гро́ма.*) Все в огне́ горе́ть бу́дете в неугаси́мом! (*Ухо́дит.*)

Катери́на. Ах! Умира́ю!

Варва́ра. Что́ ты му́чаешься-то, в са́мом де́ле! Стань к сторо́нке да помоли́сь: ле́гче бу́дет.

Катери́на (*подхо́дит к стене́ и опуска́ется на коле́ни, пото́м бы́стро вска́кивает*). Ах! Ад! Ад! Гее́нна о́гненная!

Кабано́ва, Кабано́в и Варва́ра окружа́ют её.

Всё се́рдце изорвало́сь! Не могу́ я бо́льше терпе́ть! Ма́тушка! Ти́хон! Грешна́ я перед Бо́гом и перед ва́ми! Не я ли кляла́сь тебе́, что не взгляну́ ни на кого́ без тебя́! По́мнишь, по́мнишь! А зна́ешь ли, что́ я, беспу́тная, без тебя́ де́лала! В пе́рвую же ночь я ушла́ и́з дому...

Кабано́в (*растеря́вшись, в слеза́х, дёргает её за рука́в*). Не на́до, не на́до, не говори́! Что́ ты! Ма́тушка здесь!

Кабано́ва (*стро́го*). Ну, ну, говори́, ко́ли уж начала́.

Катери́на. И всё-то де́сять ноче́й я гуля́ла... (*Рыда́ет.*)

Кабано́в хо́чет обня́ть её.

Кабано́ва. Брось её! С кем?

Варва́ра. Врёт она́, она́ сама́ не зна́ет, что говори́т.

Кабано́ва. Молчи́ ты! Вот оно́ что![79] Ну, с ке́м же?

Катери́на. С Бори́сом Григо́рьевичем.

Уда́р гро́ма.

Ах! (*Па́дает без чувств на́ руки му́жа.*)

Кабано́ва. Что́, сыно́к! Куда́ во́ля-то ведёт! Говори́ла я, так ты слу́шать не хоте́л. Вот и дожда́лся!

ДЕЙСТВИЕ ПЯТОЕ

Декорация первого действия. Сумерки.

ЯВЛЕНИЕ ПЕРВОЕ

Кулигин сидит на лавочке. Кабанов идёт по бульвару.

Кулигин (*поёт*).

> Ночною темнотою покрылись небеса,
> Все люди для покою закрыли уж глаза,
>   и проч.

(*Увидав Кабанова.*) Здравствуйте, сударь! Далеко ли изволите?

Кабанов. Домой. Слышал, братец, дела-то наши? Вся, братец, семья в расстройство пришла.

Кулигин. Слышал, слышал, сударь.

Кабанов. Я в Москву ездил, ты знаешь? На дорогу-то маменька читала, читала мне наставления-то, а я как выехал, так загулял. Уж очень рад, что на волю-то вырвался. И всю дорогу пил, и в Москве всё пил, так это кучу, что на́-поди! Так, чтобы уж на целый год отгуляться. Ни разу про дом-то и не вспомнил. Да хоть бы и вспомнил-то, так мне бы и в ум не пришло, что тут делается. Слышал?

Кулигин. Слышал, сударь.

Кабанов. Несчастный я теперь, братец, человек! Так ни за что́ я погибаю, ни за грош!

Кулигин. Маменька-то у вас больно крута́.

Кабанов. Ну да. Она-то всему и причина. А я за что́ погибаю, скажи ты мне на милость? Я вот зашёл к Дикому, ну, выпили; думал — легче будет; нет, хуже, Кулигин! Уж что́ жена против меня сделала! Уж хуже нельзя...

70

Кулигин. Мудрёное дело, сударь. Мудрено вас судить.

Кабанов. Нет, постой! Уж на что ещё хуже этого. Убить её за это мало. Вот маменька говорит — её надо живую в землю закопать, чтоб она казнилась! А я её люблю, мне её жаль пальцем тронуть. Побил немножко, да и то маменька приказала. Жаль мне смотреть-то на неё, пойми ты это, Кулигин. Маменька её поедом ест, а она как тень какая ходит, безответная. Только плачет да тает как воск. Вот я и убиваюсь, глядя на неё.

Кулигин. Как бы-нибудь, сударь, ладком дело-то сделать! Вы бы простили ей да и не поминали никогда. Сами-то, чай, тоже не без греха!

Кабанов. Уж что говорить!

Кулигин. Да уж так, чтобы и под пьяную руку не попрекать! Она бы вам, сударь, была хорошая жена; гляди — лучше всякой.

Кабанов. Да пойми ты, Кулигин: я-то бы ничего, а маменька-то... разве с ней сговоришь!..

Кулигин. Пора бы уж вам, сударь, своим умом жить.

Кабанов. Что ж мне, разорваться, что ли! Нет, говорят, своего-то ума. И, значит, живи век чужим. Я вот возьму да последний-то, какой есть, пропью; пусть маменька тогда со мной, как с дураком, и нянчится.

Кулигин. Эх, сударь! Дела, дела![80] Ну, а Борис-то Григорьевич, сударь, что?

Кабанов. А его, подлеца, в Тяхту,[81] к китайцам. Дядя к знакомому купцу какому-то посылает туда на контору. На три года его туды.

Кулигин. Ну, что́ же он, су́дарь?

Кабано́в. Ме́чется то́же; пла́чет. Наки́нулись мы да́веча на него́ с дя́дей, уж руга́ли, руга́ли — молчи́т. То́чно ди́кий како́й сде́лался. Со мной, говори́т, что хоти́те, де́лайте, то́лько её не му́чьте! И он к ней то́же жа́лость име́ет.

Кулигин. Хоро́ший он челове́к, су́дарь.

Кабано́в. Собра́лся совсе́м, и ло́шади уж гото́вы. Так тоску́ет, беда́! Уж я ви́жу, что э́то ему́ прости́ться хо́чется. Ну, да ма́ло ли чего́! Бу́дет с него́. Враг ведь он мне, Кули́гин! Расказни́ть его́ на́добно на ча́сти, что́бы знал...

Кули́гин. Врага́м-то проща́ть на́до, су́дарь!

Кабано́в. Поди́-ка, поговори́ с ма́менькой, что она́ тебе́ на э́то ска́жет. Так, бра́тец Кули́гин, всё на́ше семе́йство тепе́рь врозь расши́блось. Не то что родны́е, а то́чно во́роги друг дру́гу. Варва́ру ма́менька точи́ла, точи́ла; а та не стерпе́ла, да и была́ такова́, — взяла́ да и ушла́.

Кули́гин. Куда́ ушла́?

Кабано́в. Кто её зна́ет. Говоря́т, с Кудряшо́м с Ва́нькой убежа́ла, и того́ та́кже нигде́ не найду́т. Уж э́то, Кули́гин, на́до пря́мо сказа́ть, что от ма́меньки; потому́ ста́ла её тира́нить и на замо́к запира́ть. «Не запира́йте, говори́т, ху́же бу́дет!» Вот так и вы́шло. Что ж мне тепе́рь де́лать, скажи́ ты мне! Научи́ ты меня́, как мне жить тепе́рь! Дом мне опосты́лел, люде́й со́вестно, за де́ло возьму́сь — ру́ки отва́ливаются. Вот тепе́рь домо́й иду́; на ра́дость, что ль, иду́?

Вхо́дит Гла́ша.

72

Глаша. Тихон Иваныч, батюшка!

Кабанов. Что ещё?

Глаша. Дома у нас нездорово, батюшка!

Кабанов. Господи! Так уж одно к одному! Говори, что там такое?

Глаша. Да хозяюшка ваша...

Кабанов. Ну, что ж? Умерла, что ль?

Глаша. Нет, батюшка; ушла куда-то, не найдём нигде. Сбились с ног, искамши.

Кабанов. Кулигин, надо, брат, бежать, искать её. Я, братец, знаешь, чего боюсь? Как бы она с тоски-то на себя руки не наложила! Уж так тоскует, так тоскует, что ах! На неё-то глядя, сердце рвётся. Чего ж вы смотрели-то? Давно ль она ушла-то?

Глаша. Недавнушко, батюшка! Уж наш грех, не доглядели. Да и то сказать: на всякий час не остережёшься.

Кабанов. Ну, что стоишь-то, беги!

Глаша уходит.

И мы пойдём, Кулигин!

Уходят.

Сцена несколько времени пуста. С противоположной стороны выходит Катерина и тихо идёт по сцене.

ЯВЛЕНИЕ ВТОРОЕ

Катерина (*одна*)*. Нет, нигде нет! Что-то он теперь, бедный, делает? Мне только проститься с ним, а там... а там хоть умирать. За что я его в беду ввела? Ведь мне не

___
* Весь монолог и все следующие сцены говорит, растягивая и повторяя слова, задумчиво и как будто в забытьи. (*Примечание автора.*)

73

лéгче от тогó! Погибáть бы мне однóй! А то себя погубúла, егó погубúла, себé бесчéстье, емý вéчный покóр!
Да! Себé бесчéстье — емý вéчный покóр. (*Молчáние.*)
Вспóмнить бы мне, чтó он говорúл-то? Как он жалéл-то
меня? Какúе словá-то говорúл? (*Берёт себя зá голову.*)
Не пóмню, всё забыла. Нóчи, нóчи мне тяжелы! Все
пойдýт спать, и я пойдý; всем ничегó, а мне как в
могúлу. Так стрáшно в потёмках! Шум какóй-то сдé-
лается, и поют, тóчно когó хорóнят; тóлько так тúхо,
чуть слышно, далекó, далекó от меня... Свéту-то так
рáда сдéлаешься! А встaвáть не хóчется, опять те же
люди, те же разговóры, та же мýка. Зачéм они так смóт-
рят на меня? Отчегó это нынче не убивáют? Зачéм так
сдéлали? Прéжде, говорят, убивáли.⁸² Взяли бы, да и
брóсили меня в Вóлгу; я бы рáда былá. «Казнúть-то тебя,
говорят, так с тебя грех снúмется, а ты живú да мýчайся
своúм грехóм». Да уж измýчилась я! Дóлго ль ещё мне
мýчиться!.. Для чего мне тепéрь жить, ну для чегó?
Ничегó мне не нáдо, ничегó мне не мúло, и свет бóжий
не мил! — а смерть не прихóдит. Ты её клúчешь, а онá
не прихóдит. Чтó ни увúжу, чтó ни услышу, тóлько
тут (*покáзывает на сéрдце*) бóльно. Ещё кабы с ним жить,
мóжет быть, рáдость бы какýю-нибудь я и вúдела...
Что ж: уж всё равнó, уж дýшу свою я ведь погубúла.
Как мне по нём скýчно! Ах, как мне по нём скýчно! Уж
кóли не увúжу я тебя, так хоть услышь ты меня úздали.
Вéтры буйные, перенесúте вы емý мою печáль-тоскý!
Бáтюшки, скýчно мне, скýчно! (*Подхóдит к бéрегу и
грóмко, во весь гóлос.*) Рáдость моя, жизнь моя, душá
моя, люблю тебя! Откликнись! (*Плáчет.*)

Вхóдит Борúс.

ЯВЛЕ́НИЕ ТРЕ́ТЬЕ

Катери́на и Бори́с.

Бори́с (*не ви́дя Катери́ны*). Бо́же мой! Ведь э́то её го́лос! Где же она́? (*Огля́дывается.*)

Катери́на (*подбега́ет к нему́ и па́дает на ше́ю*). Увида́ла-таки я тебя́! (*Пла́чет на груди́ у него́.*)

Молча́ние.

Бори́с. Ну, вот и попла́кали вме́сте, привёл Бог.

Катери́на. Ты не забы́л меня́?

Бори́с. Как забы́ть, что ты!

Катери́на. Ах, нет, не то, не то! Ты не се́рдишься?

Бори́с. За что мне серди́ться?

Катери́на. Ну, прости́ меня́. Не хоте́ла я тебе́ зла сде́лать; да в себе́ не вольна́ была́.[83] Что говори́ла, что де́лала, себя́ не по́мнила.

Бори́с. По́лно, что ты, что ты!

Катери́на. Ну, ка́к же ты? Тепе́рь-то ты как?

Бори́с. Е́ду.

Катери́на. Куда́ е́дешь?

Бори́с. Далеко́, Ка́тя, в Сиби́рь.

Катери́на. Возьми́ меня́ с собо́й отсю́да!

Бори́с. Нельзя́ мне, Ка́тя. Не по свое́й я во́ле е́ду: дя́дя посыла́ет, уж и ло́шади гото́вы; я то́лько отпроси́лся у дя́ди на мину́точку, хотел хоть с ме́стом-то тем прости́ться, где мы с тобо́й ви́делись.

Катери́на. Поезжа́й с Бо́гом! Не тужи́ обо мне. Снача́ла то́лько ра́зве ску́чно бу́дет тебе́, бе́дному, а там и позабу́дешь.

Бори́с. Что обо мне-то толкова́ть! Я во́льная пти́ца. Ты́-то как? Что свекро́вь-то?[84]

75

Катери́на. Му́чает меня́, запира́ет. Всем говори́т и му́жу говори́т: «Не ве́рьте ей, она́ хи́трая». Все и хо́дят за мной це́лый день и смею́тся мне пря́мо в глаза́. На ка́ждом сло́ве все тобо́й попрека́ют.

Бори́с. А му́ж-то?

Катери́на. То ла́сков, то се́рдится, да пьёт всё. Да посты́л он мне, посты́л, ла́ска-то его́ мне ху́же побо́ев.

Бори́с. Тяжело́ тебе́, Ка́тя?

Катери́на. Уж так тяжело́, так тяжело́, что умере́ть ле́гче!

Бори́с. Кто ж э́то знал, что нам за любо́вь на́шу так му́читься с тобо́й! Лу́чше б бежа́ть мне тогда́!

Катери́на. На беду́ я уви́дела тебя́. Ра́дости ви́дела ма́ло, а го́ря-то, го́ря-то что! Да ещё впереди́-то ско́лько! Ну, да что ду́мать о то́м, что бу́дет! Вот я тепе́рь тебя́ ви́дела, э́того они́ у меня́ не отъи́мут; а бо́льше мне ничего́ не на́до. То́лько ведь мне и ну́жно бы́ло, увида́ть тебя́. Вот мне тепе́рь гора́здо ле́гче сде́лалось; то́чно гора́ в плеч свали́лась. А я всё ду́мала, что ты на меня́ се́рдишься, проклина́ешь меня́...

Бори́с. Что́ ты, что́ ты!

Катери́на. Да нет, всё не то́ я говорю́; не то́ я хоте́ла сказа́ть! Ску́чно мне бы́ло по тебе́, вот что; ну, вот я тебя́ увида́ла.

Бори́с. Не заста́ли б нас здесь!

Катери́на. Посто́й, посто́й! Что́-то я тебе́ хоте́ла сказа́ть! Вот забы́ла! Что́-то ну́жно бы́ло сказа́ть! В голове́-то всё пу́тается, не вспо́мню ничего́.

Бори́с. Вре́мя мне, Ка́тя!

Катери́на. Погоди́, погоди́!

Борис. Ну, что́ же ты сказа́ть-то хоте́ла?

Катери́на. Сейча́с скажу́. (*Поду́мав*). Да! Пое́дешь ты доро́гой, ни одного́ ты ни́щего так не пропуска́й, вся́кому пода́й, да прикажи́, чтоб моли́лись за мою́ гре́шную ду́шу.

Борис. Ах, кабы́ зна́ли э́ти лю́ди, каково́ мне проща́ться с тобо́й! Бо́же мой! Дай Бог, чтоб им когда́-нибудь так же сла́дко бы́ло, как мне тепе́рь. Проща́й, Ка́тя! (*Обнима́ет её и хо́чет уйти́*.) Злоде́и вы! И́зверги! Эх, кабы́ си́ла!

Катери́на. Посто́й, посто́й! Дай мне погляде́ть на тебя́ в после́дний раз. (*Смо́трит ему́ в глаза́*.) Ну, бу́дет с меня́! Тепе́рь Бог с тобо́й, поезжа́й. Ступа́й, скоре́е ступа́й!

Борис (*отхо́дит не́сколько шаго́в и остана́вливается*). Ка́тя, нехорошо́ что́-то! Не заду́мала ли ты чего́? Изму́чусь я доро́гой-то, ду́мавши о тебе́.

Катери́на. Ничего́, ничего́! Поезжа́й с Бо́гом!

Борис хо́чет подойти́ к ней.

Не на́до, не на́до, дово́льно!

Борис (*рыда́я*). Ну, Бог с тобо́й! То́лько одного́ и на́до у Бо́га проси́ть, чтоб она́ умерла́ поскоре́е, чтобы ей не му́читься до́лго! Проща́й! (*Кла́няется*.)

Катери́на. Проща́й!

Борис ухо́дит. Катери́на провожа́ет его́ глаза́ми и стои́т не́сколько вре́мени заду́мавшись.

ЯВЛЕ́НИЕ ЧЕТВЁРТОЕ

Катери́на (*одна́*). Куда́ тепе́рь? Домо́й идти́? Нет, мне что домо́й, что в моги́лу — всё равно́. Да, что домо́й,

Кабанóв. Кто ж э́то знал, что онá сюдá пойдёт! Мéсто такóе лю́дное. Комý в гóлову придёт здесь пря́таться!

Кабанóва. Ви́дишь, чтó онá дéлает! Вот какóе зéлье! Как онá харáктер-то свой хóчет вы́держать!

С рáзных сторóн собирáется нарóд с фонáрями.

Оди́н из нарóда. Чтó, нашли́?

Кабанóва. Тó-то что нет. Тóчно провали́лась кудá.

Нéсколько голосóв. Э́ка при́тча! Вот окáзия-то! И кудá б ей дéться!

Оди́н из нарóда. Да найдётся!

Другóй. Как не найти́сь!

Трéтий. Гляди́, самá придёт.

Гóлос за сцéной: «Эй, лóдку!»

Кули́гин (с бéрега). Кто кричи́т? Чтó там?

Гóлос: «Жéнщина в вóду брóсилась!»
Кули́гин и за ним нéсколько человéк убегáют.

ЯВЛÉНИЕ ШЕСТÓЕ

Те же без Кули́гина.

Кабанóв. Бáтюшки, онá ведь э́то! (Хóчет бежáть.)

Кабанóва удéрживает его зá руку.

Мáменька, пусти́те, смерть моя́! я её вы́тащу, а то так и сам...[86] Чтó мне без неё!

Кабанóва. Не пущý, и не дýмай! Из-за неё себя́ губи́ть, стóит ли онá тогó! Мáло нам онá стрáму-то надéлала, ещё чтó затéяла!

78

что в моги́лу!.. что в моги́лу! В моги́ле лу́чше... Под деревцо́м моги́лушка... как хорошо́!.. Со́лнышко её гре́ет, до́ждичком её мо́чит... весно́й на ней тра́вка вы́растет, мя́гкая така́я... пти́цы прилетя́т на де́рево, бу́дут петь, дете́й вы́ведут, цвето́чки расцвету́т: жёлтенькие, кра́сненькие, голу́бенькие ... вся́кие (*заду́мывается*), вся́кие... Так ти́хо, так хорошо́! Мне как бу́дто ле́гче! А об жи́зни и ду́мать не хо́чется. Опя́ть жить? Нет, нет, не на́до... нехорошо́! И лю́ди мне проти́вны, и дом мне проти́вен, и сте́ны проти́вны! Не пойду́ туда́! Нет, нет, не пойду́! Придёшь к ним, они́ хо́дят, говоря́т, а на что́ мне э́то! Ах, темно́ ста́ло! И опя́ть пою́т где-то! Что́ пою́т? Не разберёшь... Умере́ть бы тепе́рь... Что́ пою́т? Всё равно́, что смерть придёт, что сама́... а жить нельзя́! Грех! Моли́ться не бу́дут? Кто лю́бит, тот бу́дет моли́ться... Ру́ки крест-на́крест скла́дывают... в гробу́! Да, так... я вспо́мнила. А пойма́ют меня́, да воро́тят домо́й наси́льно... Ах, скоре́й, скоре́й! (*Подхо́дит к бе́регу. Гро́мко.*) Друг мой! Ра́дость моя́! Проща́й! (*Ухо́дит.*)

Вхо́дят Кабано́ва, Кабано́в, Кули́гин и рабо́тник с фонарём.

ЯВЛЕ́НИЕ ПЯ́ТОЕ

Кабано́ва, Кабано́в и Кули́гин.

Кули́гин. Говоря́т, здесь ви́дели.

Кабано́в. Да э́то ве́рно?

Кули́гин. Пря́мо на неё говоря́т.

Кабано́в. Ну, сла́ва Бо́гу, хоть живу́ю ви́дели-то.

Кабано́ва. А ты уж испуга́лся, распла́кался! Есть о чём.[85] Не беспоко́йся: ещё до́лго нам с ней ма́яться бу́дет.

Кабано́в. Пусти́те!

Кабано́ва. Без тебя́ есть кому́.[87] Прокляну́, ко́ли пойдёшь.

Кабано́в (*па́дая на коле́ни*). Хоть взгляну́ть-то мне на неё!

Кабано́ва. Вы́тащут: взгля́нешь.

Кабано́в (*встаёт, к наро́ду*). Что́, голу́бчики, не вида́ть ли чего́?

1-й. Темно́ внизу́-то, не вида́ть ничего́.

Шум за сце́ной.

2-й. Сло́вно крича́т что́-то, да ничего́ не разберёшь.

1-й. Да э́то Кули́гина го́лос.

2-й. Вон с фонарём по бе́регу хо́дят.

1-й. Сюда́ иду́т. Вон и её несу́т.

Не́сколько наро́ду возвраща́ется.

Оди́н из возврати́вшихся. Молоде́ц Кули́гин! Тут близёхонько в омуто́чке у бе́рега; с огнём-то оно́ в во́ду-то далеко́ ви́дно; он пла́тье и увида́л, и вы́тащил её.

Кабано́в. Жива́?

Друго́й. Где уж жива́![88] Высоко́ бро́силась-то, тут обры́в, да, должно́ быть, на я́корь попа́ла, уши́блась, бе́дная! А то́чно, ребя́ты, как жива́я! То́лько на виске́ ма́ленькая ра́нка, и одна́ то́лько, как есть одна́, ка́пелька кро́ви.

Кабано́в броса́ется бежа́ть; навстре́чу ему́ Кули́гин с наро́дом несу́т Катери́ну.

ЯВЛЕНИЕ СЕДЬМОЕ

Те же и Кулигин.

Кулигин. Вот вам ваша Катерина. Делайте с ней, что хотите! Тело её здесь, возьмите его; а душа теперь не ваша; она теперь перед судией, который милосерднее вас! (*Кладёт на землю и убегает.*)

Кабанов (*бросается к Катерине*). Катя! Катя!

Кабанова. Полно! Об ней и плакать-то грех!

Кабанов. Маменька, вы её погубили! Вы, вы, вы...

Кабанова. Что ты? Аль себя не помнишь! Забыл, с кем говоришь!

Кабанов. Вы её погубили! Вы! Вы!

Кабанова (*сыну*). Ну, я с тобой дома поговорю. (*Низко кланяется народу.*) Спасибо вам, люди добрые, за вашу услугу!

Все кланяются.

Кабанов. Хорошо тебе, Катя! А я-то зачем остался жить на свете да мучиться! (*Падает на труп жены.*)

1859[89]

NOTES

82

used as a partitive genitive with certain nouns, for example **наро́д**, **са́хар**, **суп**, **сыр**, **чай**.

7   11   **плю́нет**, **да и пойдёт** *he spits and sets off.* An example of the use of the perfective future to imply a frequent action. (Cf. the English usage in similar cases: 'he would spit and . . .')

7   12   **А то что́ бы?** *And what if there were one?*

7   13   **тут ты и есть** *here you are.* In popular speech **есть** was often used for all three persons (am, is, are).

7   14   **Тебе́ говоря́т** *Are you being spoken to . . .?* The third person plural was formerly used by servants and serfs in referring to their masters. Dikói is using it ironically here.

8   15   **Уж что́ говори́ть!** *What else could you call it!*

8   16   **Комме́рческая акаде́мия**: a school in Moscow for the sons of merchants.

9   17   **Да нет**, **этого ма́ло** *Yes, and that's not all.*

9   18   **бы́ло** *pcle* (unstressed) *nearly, on the point of.* Often used, as here, to show cancellation of projected action. Similarly, **чуть – не** *very nearly.* It can also be used to indicate the cessation of an action only just started: **он отпра́вился бы́ло**, **но верну́лся** *he started out, but then turned back.*

10   19   **У нас никто́ и пи́кнуть не смей** *None of us dare say a word.* The second person singular imperative may sometimes be used in this sense.

10   20   **а уж где ж мне!** *how can I be expected to!*

10   21   **Вот чудеса́-то твори́л!** *It was a wonder to behold.*

12   22   **не доплачу́** *if I don't pay.* An example of the future perfective used without **е́сли** to indicate a conditional.

12   23   **а у меня из э́того ты́сячи составля́ются** *then I make thousands out of it.*

12   24   **высо́кие-то**: here the meaning is 'grand'.

12   25   **(Миха́ило Васи́льевич) Ломоно́сов** (1711–65): M. V. Lomonosov, son of a fisherman, a poet, literary theoretician, scientist, often called 'the father of Russian

literature'. (**Гаври́ла Рома́нович**) **Держа́вин** (1743–1816): G. V. Derzhavin, principal poet of the Age of Catherine the Great, arguably Russia's first poet of any marked talent or originality; first to recognize the genius of the young Pushkin.

13	26	**А мне, ви́дно, так и загуби́ть** . . .: an example of the use of the infinitive with the logical subject in the dative to express probability or inevitability. The sentence might be translated: *As for me, it looks as if my young life was to be ruined in this hole.*
15	27	**а э́то ны́нче не нра́вится** *but that's not the done thing nowadays.*
16	28	**что́ вы, поми́луйте!** *how could you say such a thing!*
18	29	**То́-то же!** *See to it, then!*
18	30	**Где тебе́ знать!** *Well, you wouldn't!*
19	31	**Ти́ша**: diminutive of **Ти́хон.**
19	32	**Ва́ря**: diminutive of **Варва́ра**.
20	33	**стихи́ (духо́вные)**. Oral, folk poetry based on religious themes.
21	34	**Ва́ренька**: diminutive of **Варва́ра**.
21	35	**и кипари́сом па́хнет** *there is a smell of cypress.* Many icons used to be painted on cypress wood.
21	36	**де́вушка**: here the meaning is 'my dear girl' or 'my dear friend'.
23	37	**друго́ва** = **друго́го.**
24	38	**Есть чего́ боя́ться!** *There's nothing to be afraid of.*
25	39	**разгово́ру** = **разгово́ра**: see note 10.
26	40	To show their devotion wives were traditionally supposed to wail publicly when their husbands were away.
27	41	**враг**: although elsewhere in the play it does have its usual meaning of 'enemy', it is frequently used, as here, as a euphemism for 'the Devil'.
29	42	**Ка́тя**: diminutive of **Катери́на**.
30	43	**да и была́ такова́** *I'll just disappear.*
31	44	**хоть ты меня́ режь!** *whatever you might do to me!*

31	45	**На что́ он тебе́?** *What do you want him for?*
31	46	**загла́зное де́ло!** *out of her sight!*
34	47	**Я не ча́ю, как** ... *I can hardly wait to* ...
34	48	**како́й ни на есть** *whatever I might be.*
34	49	**Слова́, как слова́**: this would appear to mean here *What have I said?*
36	50	It was the custom, which is still sometimes observed, to sit down together in silence before departing on a journey.
36	51	**Да́льние про́воды – ли́шние слёзы** *The longer the farewell, the more the tears.*
39	52	**Что да́льше, то ху́же** *The longer I live, the worse it gets.*
41	53	**тума́ну = тума́на**: see note 10.
41	54	**о́гненного змия́** *fiery dragon.* This was the popular name for a steam railway engine, and hence for the railway itself.
43	55	**Како́го ещё тут чёрта водяно́го!** *What the devil do you think you're playing at?*
43	56	**до́м-от**: the unstressed postpositive particle **-от** is added for emphasis only. It is a regional variation of **-то**, see Vocabulary.
45	57	**а приди́ ты** *if you should come.* The imperative can sometimes be used instead of the conditional.
45	58	**подсу́нь** *slip in.* An example of the use of the imperative to describe a sudden action.
47	59	**звезда́м**: stressed in this way to fit in with the metre of the song; normally **звёздам**.
47	60	From an ode by Lomonosov (see note 25) of 1748, '**Вече́рнее размышле́ние**' ('Reflections at Eventide').
48	61	**во́лком во́ют** *they howl like a wolf,* i.e. 'they can go to the devil'.
49	62	**за Кабано́вым са́дом = за са́дом Кабано́вых**.
49	63	**мо́лодец**: nowadays the stress is **молоде́ц**.
52	64	**Так вот оно́ что!** *So that's the way it is!*

killed. A reference to the old, and rare, practice of executing an adulterous woman who had given birth to an illegitimate child.

75	83	**да в себе́ не вольна́ была́** *but I didn't know what I was doing.*
75	84	**Что́ свекро́вь-то?** *What about your mother-in-law?*
78	85	**Есть о чём** *A lot you've got to cry about.*
79	86	**а то так и сам** ... *or else I'll drown myself too* ...
80	87	**Без тебя́ есть кому́** *There are plenty there without you.*
80	88	**Где уж жива́!** *How could she possibly be alive?*
81	89	It was the custom in nineteenth-century Russian journals to print at the end of a work the date of its completion, irrespective of the actual date of publication. *Groza* was first published in 1860.

VOCABULARY

All words in the text are listed alongside the translation which seems most appropriate in the context, with the exception of those given in Patrick Waddington, *A First Russian Vocabulary* (Basil Blackwell, 1988), where the meaning is the same in both. Gender is shown only for masculine nouns in **-ь** and a few others, where the gender would otherwise be unclear. Stem changes throughout the declension are indicated by the genitive singular or the last part of it, e.g. **висóк, -ска́**. Irregular plurals are shown by the nominative and genitive plurals, e.g. **дно** *N pl.* **дóнья** *G pl.* **дóньев**. Unusual feminine or neuter genitive plurals are also given, e.g. **слу́жба** *G pl.* **-́жеб, зе́лье** *G pl.* **зе́лий**. Nouns used only in the plural are followed by the genitive plural, e.g. **прóводы** *pl.* **-ов**.

Verbs are listed normally with the imperfective first followed by the perfective, usually in abbreviated form. Imperfectives and perfectives normally appearing alone are so indicated as are the first and second persons singular of irregular conjugations, with the exception of compound verbs whose simple form appears in Waddington. Irregular past forms are also given, e.g. **погиба́ть / -́нуть, -́ну, -́нешь; поги́б, -ги́бла**.

Adverbs formed regularly from adjectives listed are omitted.

Abbreviations used:

A	accusative	*adv.*	adverb
abbr.	abbreviation	*arch.*	archaic or obsolete
adj.	adjective	*bibl.*	biblical

coll.	colloquial	*interj.*	interjection
collect.	collective	*m.*	masculine
comp.	comparative	*N*	nominative
cond.	conditional	*nn.*	noun
conj.	conjunction	*p.*	past
D	dative	*P*	prepositional
dim.	diminutive	*p.p.p.*	past participle passive
enc.	enclitic	*pcle*	particle
f.	feminine	*pf.*	perfective
G	genitive	*pl.*	plural
ger.	gerund	*post.*	postpositive
I	instrumental	*prep.*	preposition
imp.	imperative	*pres.*	present
impf.	imperfective	*voc.*	vocative
inf.	infinitive	=	same as, translated as

А

а! ah! oh!

а то otherwise, really, but to tell the truth, because

ад hell

ай лéли (a meaningless melodic insert used in songs)

акадéмия academy

аккóрд chord

аль *conj.* or

ан to (my) surprise, but it turns out that

áнгел angel

áнтик (now stressed **антúк**) odd fellow, you're a rare one

арáп negro

áрка arch

áспид asp, viper

ах! ah! oh!

Б

б = бы

бáба (бáбочка) (married) woman, wife

бáбочка butterfly

баклýши *see* **бить**

базáр market

бáрхат velvet

бáрыня lady, wife of a landowner

бáтюшка father, my dear; **-ки (мой)!** good heavens! (**бáтюшко** is the former vocative case)

беготня́ running about

бедá trouble, woe, misfortune; **на -дý** unfortunately; **— моя́** oh dear!

бéдность poverty, poor people

бéдный *nn.* poor man

бéздна chasm, firmament

безотвéтный meek, incapable of replying

бéлый свет world, society; **на бéлом светý** in the whole wide world

бесéдка summer-house

беспрестáнный continual

беспýтный corrupt

бессты́дница shameless woman

бесчéстье dishonour

бить to beat; — **баклу́ши** laze around, twiddle (one's) thumbs

би́ться to beat; **се́рдце бьётся** (my) heart's poundng

бла-але́пие = **благоле́пие**

бла́го considering that

благода́ть *nn.* God's blessing

благоле́пие beauty

благополу́чие prosperity

благоро́дная *nn.* noblewoman

благосты́ня fee

благочести́вый pious

благоче́стие piety

благочи́нно in good order

бли́жний *nn.* neighbour

близёхонько quite near

Бог God; — **с ним!** Forget about him!; — **с тобо́й!** May God forgive you! (polite reproach); **с Бо́гом!** good luck!; **дай** — God grant; **не дай** — it's dangerous, very bad

богомо́лка woman pilgrim

бо́жий God's

божи́ться / по- swear an oath

бой battle

боле́знь illness; trouble

болта́ть *imperf.* chatter, jabber

болтовня́ chatter

бо́льно terribly, very (much), painful

бо́льше всего́ mostly

большо́й big, grown-up

брани́ться(ся) / по- scold, reprove, use abusive language

брань insults, abuse

брат brother; old chap, my friend (man or woman); **наш** — I and people like me, we men

бра́тец, **-́тца** brother, old chap

бра́ться (за + A) / взя́ться undertake

бре́зжиться *impf.* dawn; **чуть бре́зжится** it is just beginning to dawn

броди́ть *impf.* **брожу́**, **бро́дишь** wander, stroll

бу́дет (that's) enough; — **с него́** (**меня́**) he's (I've) had enough

будь, что́ бу́дет come what may

бу́йный wild, violent

бу́хать / бу́хнуть, **-ну**, **-нешь** throw oneself

бы *pcle*, (indicates *cond.*) would; (sometimes indicates 'ought to'); **а то что́** — otherwise what would happen

бы́ло (unstressed) *pcle* (be) about to, nearly, had begun to (*see* note 18)

бы́стрый rapid

быть (за + G) marry

В

ва́жный important, good

вали́ть / по- flock, throng

василёк, **-лька́** cornflower

вбега́ть / вбежа́ть (в + A) come running (in)

вводи́ть / ввести́ lead in(to), get into

вдали́ in the distance

вдова́ widow

век life(-time)

веле́ть *impf.* **-лю́**, **-ли́шь** tell to (do something), command, order

верста́, *N pl.* вёрсты verst (about one kilometre)

вертопра́х empty-headed man

весёлый happy; вам ве́село? are you enjoying yourselves?

ве́тер wind; по ве́тру before the wind

вече́рний evening; ´-няя заря́ evening glow

вече́рня vespers

ве́чный eternal

вещу́н diviner

взад backwards; — да и вперёд back and forth

взаперти́ locked up

взгля́дывать / взгляну́ть, -ну́, ´-нешь look at

вздор nonsense, вздо́рный quarrelsome

взду́мать *pf.* take it into one's head, suddenly have an urge

вздыха́ть / вздохну́ть, -ну́, -нёшь sigh

взлюби́ть; не — feel a strong dislike for

взы́скивать / взыска́ть, взыщу́, взы́щешь be too exacting

взять *pf.* (+ да / да и) + verb indicates a sudden and usually unexpected action: Взяла́ да и ушла́ She suddenly got up and went away

вид look, semblance, ни под каки́м -ом on no account, на -у́ in sight (of everyone)

вида́ть / по- *or* у- see; -ся see each other

виде́ние vision

ви́дно apparently, evidently

винова́тый guilty, at fault

ви́снуть *impf.* ´-ну, ´-нешь (на + P) hang (on)

висо́к, -ска́ temple (on head)

ви́ться, вьюсь, вьёшься / с- whirl

вкола́чивать / вколоти́ть, -очу́, -о́тишь drive in(to)

влюбля́ться / влюби́ться (в + A) fall in love with

во́все quite, completely

води́ться *impf.* to be the custom; так у нас во́дится it's the custom here

води́ца *dim.* water

водяно́й water *adj.*

воева́ть *impf.* вою́ю, вою́ешь quarrel, be on the warpath

воево́да *m.* voivode (army commander, governor of a town)

во́ет *see* выть

возмоли́ться = взмоли́ться *pf.* (возмоли́лася = взмоли́лась) begin to implore

во́ин warrior, fighter, holy terror

волне́ние agitation

волоче́нье dragging (out)

волочи́ть *impf.* -очу́, -о́чишь drag (out)

во́льный free; — каза́к free as a Cossack (i.e. free as air)

во́ля will, freedom; ва́ша — do as you please (polite)

вообража́ть / вообрази́ть, -ажу́, -ази́шь imagine

воркова́ть *impf.* воркую́, -ку́ешь соо

ворова́ть *impf.* вору́ю, -ру́ешь steal

во́рог = враг
ворожи́ть / по- tell fortunes
воро́та *pl.* воро́т gate(s)
вороти́ть *pf.* -рочу́,
-ро́тишь take / bring back
воро́чаться *impf.* turn
ворчу́нья grumbler
воск wax
воспи́тывать / -пита́ть bring up
восто́рг delight
восходи́ть / взойти́ rise
вот (во́та) (often emphasizes
the following word and can
sometimes be left untranslated);
— ещё! what next! indeed!; — и
всё that's all there is to it,
there's nothing more to be
said
воцаря́ться / -ри́ться set in, reign
воюет *see* воева́ть
вперёд *prep.* (+ *G*) in front of
впереди́ in front, ahead, to come
впу́сте without care
впятеро́м five (people together)
враг (во́рог) enemy; but *see*
note 41
вражду́овать *impf.* -дую, -дуешь
(с + *I*, used here with **на**) be at
loggerheads with, be at each
other's throats
врать, вру, врёшь; врал, -ала́,
-а́ло / со- *or* на- (tell a) lie
вре́мя мне I must go
вро́де like
врозь *adv.* apart
всё *adv.* always, still, increasingly;
— одно́ it's all the same
всего́ in all
вска́кивать / вскочи́ть jump up

вскри́кивать / вскри́кнуть, -́ну,
-́нешь scream, shriek
вспомяну́ть *pf.* -ну́,
-́нешь remember
всходи́ть / взойти́ ascend
вся́кий all sorts of
вся́чески in every way possible
вчетверо́м four (people together)
выбега́ть / вы́бежать run out
выбива́ться / вы́биться, -́бьюсь,
-́бешься get out of, rise above
выбра́сываться /
вы́броситься throw oneself out
выводи́ть / вы́вести take out;
-ся die out
выгля́дывать / вы́глянуть look
out
выде́рживать / вы́держать
sustain; — хара́ктер run true to
character
выду́мывать / вы́думать think
up, make up, invent
вылета́ть / вы́лететь fly off
вы́молвить *pf.* вы́молвлю,
-вишь utter
выпива́ть / вы́пить have a drink
выпи́сывать / вы́писать send for
(by letter)
выпла́чивать / вы́платить pay
over, pay off
выраста́ть / вы́расти, -асту,
-астешь; вы́рос grow, spring up
выреза́ть / вы́резать carve, cut
out
вы́ругать *see* руга́ть
вырыва́ться / вы́рваться tear
oneself away, escape
выска́кивать / вы́скочить jump
up / out, dart out

высма́тривать / вы́смотреть look out for, spy out

высо́кий high, tall, grand

высокоблагоро́дие (Your) Excellency

выта́скивать / вы́тащить drag out

выть *impf.* **во́ю, во́ешь** howl

выу́чивать / вы́учить teach; **-ся** learn

вьётся *see* **ви́ться**

вя́нуть, вя́нет / за-; завя́л fade

Г

галере́я passage

где (уж) мне how could I ?, it's impossible for me

гее́нна Gehenna, hell

ге́рбовый stamped (officially)

ги́бнуть, ́-ну, ́-нешь / по- perish

глава́ chief, head of the family

гла́дкий smooth

глаз (глазо́к) eye; **с гла́зу на —** privately; **в -а́** to one's face; **за -а́** behind one's back; **в -а́х-то** in public

глубина́ depth, rear

гляде́ть look; **гляди́** very probably; **того́ гляди́** the first thing you know, suddenly

гнать *impf.* **гоню́, го́нишь** drive away

гнев anger

говѣ́ть *impf.* prepare for confession and Communion (usually through fasting)

голова́ head; **на свою́ бы тебе́ го́лову** on your own head be it

го́лос voice; **во весь —** at the top of one's voice

голубе́нький blue

голу́бить *impf.* **-лублю́, -лу́бишь** caress

голу́бчик my dear, darling

го́лубь *m.* dove

гони́те *see* **гнать**

гора́ mountain; **не за гора́ми** not far away

го́рдость pride

го́ре grief, misfortune

го́рло (го́рлушко) throat; **— распуска́ть** bawl at, shout; **по —** very much

городо́к (городи́шко) small town

городи́ть *impf.* **-ожу́, -о́дишь** talk nonsense

городни́чий mayor

горче́е = го́рче more bitter / painful

горячо́ heatedly, warmly

Го́споди! Ye Gods! Good Heavens!

Госпо́дь *m.* The Lord; **Го́споди** *voc. see* **сохрани́**

гости́ный двор row of stalls / shops

гра́бить / о- rob

греть *impf.* warm

грех sin, misfortune; **уж наш —** it's our fault; **на —** as if on purpose

греховО́дница temptress, sinful girl

греши́ть / со- sin, err; **до́лго ли согреши́ть-то** at any moment one is apt to sin / make a mistake

94

гре́шный sinful

гроб coffin, grave; **гробово́й** *adj.* coffin; **до гробово́й доски́** till death

грози́ть / при- threaten

гро́зный threatening

громово́й отво́д lightning conductor

гро́хот boom (noise)

грош grosh (coin of little value); **ни за гро́ш** to no purpose

груби́ть *impf.* be rude to

грубия́н *coll.* rude fellow

гру́бость rudeness, crudity, coarseness

грудь breast, chest

грязь dirt, mud

губе́рния province, provincial government / court

губи́ть / по- ruin, destroy (kill)

гу́льбище *coll.* having a good time

гуля́ть / по- go for a walk, have a good time, stay out all night

гуса́р hussar

Д

да yes, but, and, let, may; — **ещё** in addition; — **и** moreover, besides; — **и то́лько = вот и всё да и то сказа́ть** and one must admit

дай Бог may God grant

да́веча *adv.* recently, a little while ago

дави́ть, -влю́, -вишь / раз- squash

да́льний distant, lasting, long

дармое́д sponger

дарово́й unpaid

да́ром for nothing; — **непройдёт** it will certainly not pass without evil consequences

дева́ться / де́ться, де́нусь, де́нешься get to, turn, disappear

де́вка maidservant, young girl; **в -ках** as a girl

де́вушка girl, my dear girl; **в -ках** as a girl

де́йствие action, act (in a play)

де́йствовать *impf.* **-вую, -вуешь** act, function

декора́ция scenery (in a play)

де́ло work, business, state of affairs, case (legal), role; **за -лом** on business; **в то́м-то и —, что** the whole point is that; **знай своё —** know your place; **дела́!** what a sorry business!

де́нно и но́щно day and night

денёк, -ка́ day

деньжо́нки *pl.* **-нок** *coll.* money

дёргать / дёрнуть, -ну, -нешь pull

деревцо́ *G pl.* **деревѐц** small tree

держа́ться *impf.* be maintained, preserved; **держи́сь!** look out! hold on!

де́ться *see* **дева́ться**

диви́ться *impf.* **-влю́сь, -ви́шься** be surprised at, marvel

де́тки *pl.* **детко́в** (**де́тушки** *pl.* **де́тушек**) children, fledglings

ди́вный wonderful

95

ди́кий wild, primitive, strange

для-ра́ди *prep., arch.* (+ *G*) for the sake of

дно *N pl.* **до́нья** *G pl.* **до́ньев** bottom

до меня́ ли тебе́ what do you care about me? **до́ смерти** to death, exceedingly, terribly

добива́ться / доби́ться, -бью́сь, -бьёшься get, achieve (with difficulty)

добро́ good, property; **добро́м** with a good will, of one's own free will

доброде́тель virtue

доводи́ть / -вести́ lead (as far as)

дово́льно enough; **с меня́ —** it's enough for me

дога́дываться / догада́ться guess

догляде́ть *pf.* watch carefully enough

догоня́ть / догна́ть (*see* **гнать**) catch up

до́ждик (до́ждичек) rain

дожива́ть / дожи́ть live (until)

дожида́ться / дожда́ться expect, wait for, bide one's time, hope that, deserve

дока́зывать / -каза́ть prove, show

до́лго ли at any moment one may

должно́ (быть) in all probability

доложи́ть *pf.* venture to say

дома́шние *nn., pl.* people at home, house-servants

донско́й of the Don

до́ньев *see* **дно**

допла́чивать / -плати́ть pay the remainder

дорого́й *nn.* one to be respected

доро́жка *G pl.* **доро́жек** path

доска́ board, metal plate

достава́ться / доста́ться ему́ на же́ртву get him where one wants him; **мне достаётся** I'm catching it

досу́г leisure; **на -е** at leisure

до́сыта *adv.* to one's heart's content, to the full

доще́чка *G pl.* **доще́чек** plate

дрова́ *pl.* **дров** firewood

дрожа́ть *impf.* **-жу́, -жи́шь** tremble, throb

дрожь trembling

ду́ма thought

ду́мавши *p.ger.* thinking

ду́ра fool, idiot

дура́цкий stupid, idiotic

ду́рно bad(ly)

дурь nonsense, foolishness

дух breath; **— захва́тывает** it takes the breath away

душа́ soul, heart; **ско́лько (как) душе́ уго́дно** to one's heart's content; **-ши́ не ча́ять (в +** *P***)** dote upon; **по -ше́** openly, candidly; **лечь на́ -шу** burden one's soul

дыша́ть breathe

дя́дюшка *m., G pl.* **дя́дюшек** uncle

Е

едва́ (ли) hardly

езда́ riding

ездить (на + G) dominate, domineer, take things out on

езуит = иезуит Jesuit, hypocrite

ей indeed, really

ей-Богу I swear to God, honest to God, really!

ещё still; **да —** in addition, moreover; **— какой** and what a ...; **— бы не** of course, how should one not?

Ж

ж = же

жалеть / по- pity, begrudge, love

жалоба complaint

жалованье salary

жаловаться, жалуюсь, -луешься / по- (на + A) complain

жалость pity

жаль мне + inf. it grieves me to

же *pcle* (emphasizes preceding word; sometimes may be left untranslated) then, indeed, very

железо iron

жёлтенький yellow

женитьба marriage

жертва *see* **доставаться**

жест gesture

жечь, жгу, жжёшь; жёг, жгла / с(о)- burn

жизнь *see* **ни**

жилка vein

житьё *N pl.* **жития** *G pl.* **житий** life, saint's life, good life

житься live; **вам живётся** you live, you get along

жмуриться / за- screw up one's eyes

З

за over, married (to a man)

забавлять *impf.* amuse

забитый oppressed

забор fence

забытьё a drowsy state; **в забытьи = в забытьё** in a trance

заведение custom, habit

завещание will

зависть envy

заводить / -вести acquire, begin, introduce

завяла *see* **вянуть**

заглазный done out of someone's sight

заглядываться / -деться stare at, admire

загнанный downtrodden

заговорить *pf.* begin to speak

загораться / -реться, -рюсь, -ришься shine

загубить *pf.* waste away, ruin, destroy (kill)

загулять *pf.* go on a spree, start drinking heavily

задавать / -дать give, set; **— тебе** give you what for / something to think about

задумчивый thoughtful

задумывать / -думать think of doing; **-ся** lose oneself in thought

заедать / заесть oppress, wear out

заездить *pf.* wear out

зажмуриваясь *pres.ger., see* **жмуриться**

заика́ться / заикну́ться, -ну́сь, нёшься hint at

закабаля́ть / -ли́ть enslave

зака́пывать / -копа́ть bury

закола́чивать / -колоти́ть, -колочу́, -коло́тишь thoroughly beat

зако́н faith; в -е жить be legally married

закупа́ть / -пи́ть buy wholesale

заку́сывать / -куси́ть eat a snack

залуча́ть / -и́ть lure

зама́ливать / -моли́ть obtain forgiveness through prayer

зама́чивать / -мочи́ть wet, soak

за́муж идти́ to get married (to a man); за́муж отда́ть marry off

заму́жняя nn. married woman

запева́ть impf. begin to sing

занима́ться / -ня́ться catch fire; занима́ется заря́ (зо́рюшка) day breaks

за́пертый locked

заперши́сь p. ger. locked in

запива́ть / -пи́ть take to drinking heavily

запира́ть / -пере́ть, -пру́, -прёшь; -пер, -перла́, -перло lock; на замо́к lock up

запо́р lock

запреща́ть / -прети́ть, -прещу́, -прети́шь prohibit

запряга́ть / запря́чь, -прягу́, -пряжёшь; -пряг, -прягла́ harness

запру́т see запира́ть

зараста́ть / зарасти́ be overgrown

зарожда́ться / -роди́ться be born

заруба́ть / -би́ть на носу́ remember it well

заря́ (зо́рюшко) the sun's glow on rising or setting; вече́рняя — evening glow; у́тренняя — morning glow

заса́живаться / засе́сть sit down for a long time

застава́ть / -ста́ть find, come upon

заступа́ться impf. speak up for

затева́ть / -те́ять think up, have in mind

затрудни́тельный difficult

захва́тывать / -хвати́ть дух take one's breath away

за что́ why

зва́ние class, condition

зде́шний local, of these parts

зева́ть / зевну́ть, -ну́, -нёшь yawn

зе́лье G pl. зе́лий pest

зло harm, evil

злоде́й villain, scoundrel

злой vicious

зло́стный malicious

змий dragon

знать adv. evidently, for sure

значи́тельный important

зо́лото gold; зо́лотом embroidered in gold

зо́рюшка see заря́

зря to no purpose, for nothing

И

и то! it's indeed true

и́зверг monster

изволить *impf.* desire, be one's pleasure; **изволите** might I ask?; **чего изволите?** what's your pleasure? (fawning)

издали from afar

измучить *see* **мучить**

изнутри from within; — **заперта** locked on the inside

изнывать / -ныть, -ною, -ноешь pine away

изображать / -азить represent, portray

изорваться *pf.* be torn to pieces

из-под from under, under

изругать *see* **ругать**

инда *pcle* even

искамши *p.ger., arch.* having sought

исполнять / -полнить carry out, fulfil

испуг fright

испугаться *see* **пугать**

испытатель природы (investigator of nature), naturalist

истеряно *p.p.p* of **истерять** lost

истинно truly, really

истлевать *impf.* decay, turn to dust

история story, incident

и так as it is, anyway

ихний their

ишь (ты) look, just look

К

-ка *post.pcle* just, if you will

кабы if, if it were, if only

кавалер boyfriend

кажись it seems, it appears

казак Cossack

казнить *impf. and pf.* put to death; — **на части** = be hung, drawn and quartered; **-ся** suffer, admit one's guilt

кайся *see* **каяться**

как how, if, when, whenever, as soon as, since; — **будто** as if; — **бы не** as if, I'm afraid; — **бы нибудь** if only there were some way; —**же!** What! Of course!; — **так?** how is it that? how do you mean?; — **ни** although; — **есть** exactly, completely

как-нибудь somehow or other

каково how

какой (sometimes = **какой-нибудь**) what kind of?; — **ни на есть** no matter what; **такой** ... — such ... as; — **хочешь** any whatever

какой-нибудь no more than

как-то somehow, one day

калитка gate

кандалы *pl.* -ов fetters, irons

капелька *G pl.* -лек drop

карга hag

качать / качнуть, -ну, -нёшь swing; — **головой** shake one's head

каяться, каюсь, каешься / рас- repent

кибитка kibitka (covered wagon)

кидать(ся) / кинуть(ся), -ну(сь), -нешь(ся) throw (oneself), rush in

кипарис cypress

кипе́ть / вс- boil

кита́ец, -та́йца Chinese, Chinaman

кла́няться / поклони́ться bow, greet, give one's regards; **— в но́ги** bow down to the ground; **поклони́лася = поклони́лась**

клепа́ть, -плю́, -плешь / на- (на + А) slander

кли́кать, кли́чу, -чешь / кли́кнуть, -ну, -нешь call loudly

клубо́к, -бка́ ball

ключо́к = клю́чик spring (of water)

кля́сться / по- swear an oath

кля́тва oath, vow

кля́уза slander

-ко = -ка

кой-где́ here and there

ко́ли if, when

коло́ть, колю́, ко́лешь / рас- stab

коль if

коме́та comet

комме́рческий commercial

конто́рщик clerk

конфу́зиться / с- be embarrassed

конь *m.* horse

кора́ confining shell (of coarseness, ignorance, etc.)

коры́сть gain, profit

коси́ться, кошу́сь, коси́шься / по- (на + А) look daggers at

кра́йний extreme

кра́йность extremity, terrible thought; **по -сти** at least

краса́вица (my) beauty

кра́сненький red

красота́ beauty; **—!** beautiful!

крест cross; **крест-на́крест** *adv.* across

крик cry

круто́й steep, stern

кры́то *see* **ши́то**

куда́ where (to); **— ни** wherever; **— ей!** how can she possibly?; **—как** very (ironic)

кум *N pl.* **кумовья́** *G. pl.* **кумовьёв** neighbour, friend

кума́ *f.* of **кум**

купе́ц, -пца́ merchant

купе́чество merchants, merchant class

ку́пол cupola

купчи́ха a merchant's wife

кура́житься *impf.* (над + *I*) bully

курга́н kurgan (burial mound)

кути́ть, кучу́, ку́тишь / кутну́ть, -ну́, -нёшь go on the spree, go boozing

Л

ла́вочка *G pl.* **-чек** bench

лад harmony; **де́ло идёт на —** things are going well

ладко́м by agreement, in friendly fashion

ла́дно in harmony

лаке́й manservant

лампа́дка *G pl.* **-док** icon lamp

ла́па paw

ла́ска tenderness, caress

ласка́ть caress

ласковый tender, affectionate
лепетать *impf.* -печу,
-пéчешь babble, prattle
ли *enc.* (often indicates a question;
it can also give uncertainty to the
preceding word) до меня —
тебé you hardly need to be
concerned about me
либо or; — ... — either ... or
Литвá Lithuania
литóвский Lithuanian *adj.*
литься *impf.* be poured / shed
лихóй на (+ *A*) be very fond of
лихорáдка fever; её бьёт — she
is shivering with a fever
лоб forehead; в — не
влетéть never occur to
ложиться / лечь lie down; —
нá душу weigh on one's
spirit
ломáться *impf.* be stubborn
лукáвый sly, cunning, evil; —
nn. the Devil
ль = ли, *see* чтó ль
любовáться *impf.* (+ *I*) admire
любóвник lover
люди people; в людях in public
людный crowded, public
людскóй people's
лютый malicious, cruel

М

малина raspberry bush
мáло little; — тогó that's not all,
besides that; — ли (ль) that's
not all, all kinds of things; — ли
чегó is that all he wants!

мáлость trifle
мáлый small
мальчишка *m. G pl.* -шек urchin
мáменька mama
манить, -ню, -ишь / по- beckon
мáтушка *G pl.* -шек mother;
(my) dear woman; мáтушкины
adj., N pl. mother's (type of
possessive adjective deriving
from мáтушка)
махáть / махнýть, -нý, -нёшь
wave
мáяться *impf.* мáюсь,
-ешься languish, suffer
мéдный copper
менять *impf.* exchange
мерéщиться *impf.* seem
мéстность locality, surroundings
мéсто place; местáми in places
метáться *impf.* мечýсь,
мéчешься dash / rush around
мечтá (day)dream
мечтáть *impf.* (day)dream
мещанин *N pl.* мещáне *G pl.*
мещáн artisan
мещáнство artisans, petty
bourgeois, lower middle
class
мигом in a flash, in a moment
милосéрдный merciful
миловать, -лую, -луешь / по-
show indulgence / mercy
милость charity, favour, kindness;
милости прóсим! please,
welcome; на — for mercy's sake,
please; сдéлай — I beg you
минýточка minute, moment
млáда = молодáя
могила (могилушка) grave

101

моде́ль model
моли́ть *impf.* (o + P) pray to; **-ся** / **по-** pray
мо́лодость youth, young people
молоду́ = **молоду́ю**
молча́ние silence
моноло́г monologue
мор plague
мочи́ть, мочу́, мо́чишь / на- wet, soak
мудрено́ it is difficult
мудрёный difficult, complicated, strange
мудре́ц wise man
мужи́к (мужичо́к) peasant, rude and ignorant man
мужичо́нка (мужичо́нко) *G pl.* **-нок** miserable little man
му́жняя *nn.* married woman
му́ка torture
му́чать(ся) = **му́читв(ся)**
муче́ние torment, suffering
му́чить / за- or **из-** torment; **-ся** suffer

Н

на *interj.coll.* here, take it
набива́ться / -би́ться, -бью́сь, -бёшься crowd in
наве́к forever
навстре́чу попада́ться cross one's path
навя́зываться / навяза́ться be a burden / pain in the neck
нагляде́ться *pf.* see enough of
наго́льный naked
нагу́ливать / -гуля́ть fatten

надава́ть *pf.* give a lot of
наде́лать *pf.* do, make
надо́бность necessity
надо́лго (на́долго) for long
на́доть *arch.* it is necessary
надруга́ться *pf.* (над + I) commit outrages upon
наду́маться *pf.* think to one's heart's content
надрыва́ться *impf.* be torn; **се́рдце надрыва́ется** (my) heart is breaking
нажива́ть *impf.* acquire, accumulate, pile up
называ́ть / -зва́ть name
наки́дываться / -ки́нуться, -нусь, -нешься fall upon, attack
накла́дывать / -ложи́ть lay on; **— на себя́ ру́ки** commit suicide
накрыва́ть / -кры́ть cover
нала́живать / -ла́дить begin to harp on the same old thing
налома́ться *pf.* jeer at, taunt
напа́сть misfortune, disaster
напла́каться *pf.* cry enough / a lot
на́-поди (на́ поди) but what can you do?
напомина́ть / -по́мнить remind
напра́слина false accusation
напроро́чить *see* **проро́чить**
нарисова́ть *see* **рисова́ть**
наря́д fine clothes
наряжа́ть / -ди́ть dress up
насиде́ться *pf.* sit at home for a long time
наси́женное ме́сто long-occupied place
наси́льно by force

насле́дство inheritance
наслу́шаться *pf.* hear a lot
насмея́ться *pf.* have a good laugh
наставле́ние чита́ть give a lecture to (tell off)
насу́щный vital; **— хлеб** daily bread
насчёт as regards; **— э́того** on that score
насыпа́ть / насы́пать spread, raise
натерпе́ться *pf.* **-терплю́сь, -те́рпишься** suffer a lot
нау́ка lesson
нача́ло beginning; **под -лом у кого́** under somebody's command
не not; **не́ к чему** there is no need; **не́ за что** there is no reason to
небо́сь don't fear
неве́рность faithlessness, treason
неве́ста bride
невзлюби́ть *pf.* turn against
неви́димо imperceptibly
неви́димый invisible
невозмо́жно impossible; **ника́к — ** it's quite impossible
нево́ля necessity, constraint, bondage
не́где (there is) nowhere
неда́внушко not long ago
неда́ром not without reason
недо́брый bad, evil
недо́лго it's easy
не́жность tenderness
незва́ный uninvited
нездоро́во things are not well
незнако́мый unfamiliar

неизве́стно it is not known
неймётся (used impersonally with *D*) it's impossible for one to refrain, one just has to keep on
не́кому (+ *inf.*) there is nobody who could
не́кто somebody
не́куда there is nowhere
нелёгкая *nn.* evil spirit, the Devil
не́мощь infirmity
не́нависть hatred
необыкнове́нный (необнакнове́нный) unusual, exceptional
неоставле́ние help, constant attention; **за на́ше — ** for constantly helping us
непочти́тельный disrespectful
непра́ведный unjust
непреме́нно without fail, constantly
непродолжи́тельный brief
неслы́шимый unheard
нести́ carry; **вас куда́ Бог несёт?** where are you going?
несть = нет
нет-нет да *adv.* sometimes, from time to time
неугаси́мый inextinguishable
неу́жли (неу́жто) = неуже́ли really? is it possible?
неутоли́мый unquenchable
нехоро́ший bad
не́што really? is it possible that? you don't mean that? perhaps?
нешто́ it's nothing special, all right
ни not; **— за что́** for nothing; **— на како́м = никако́й; — в жи́зни не** never

103

никак not at all, sometimes

ничём in no (any) way at all

нищий *nn.* beggar

нога́ leg, foot; **в но́ги кла́няться** bow down to the earth

нос nose; **на -у́ заруби́ть** remember it well

ночева́ть, -чу́ю, -чу́ешь / пере- spend the night

ночно́й night *adj.*

но́щно *see* **де́нно**

нра́вы *pl.* **-ов** customs, mores

ну well; **— во́т** very well, all right; **— что́ ж** well then

нужда́ need; **-ды́ нет** never mind, it doesn't matter

ну́тренный inside

нутро́ insides; **вам не по -тру́** it goes against the grain with you, you don't like

ны́нче nowadays

ню́ни распусти́ть snivel like a baby

ня́нчиться *impf.* (с + *I*) nurse, take care of

О

о́ба both; **обо́его по́ла** of both sexes (*see* note 2)

обетова́нная земля́ The Promised Land

обеща́ние promise, vow

оби́дный offensive, insulting

обижа́ть / -́деть, -йжу, -йдишь offend, harm, hurt one's feelings; **-ся** feel hurt, take offence

обкла́дывать / обложи́ть cover

обли́чье appearance, look, aspect

обма́нщица deceiver

обнима́ть / -ня́ть, -ниму́, -ни́мешь embrace; **-ся** embrace each other

обно́вка novelty

обора́чиваться / оберну́ться, -ну́сь, -нёшься, *and* **обороти́ться, -очу́сь, -о́тишься** turn (round)

оборва́ть *see* **обрыва́ть**

обороня́ться / -и́ться defend oneself

о́браз way; icon

образо́ванный educated

обраща́ть / -ти́ть, -ащу́, -ати́шь turn; **-ся** turn to, address

обраще́ние manner(s)

обруга́ть *pf.* call names, curse

обры́в precipice

обрыва́ть / оборва́ть, -рву́, -рвёшь force one to be silent with a cutting remark

обходи́ться *impf.* take place

объя́тие embrace; **-тия** *pl.* arms

обыва́тель resident, inhabitant

овра́г ravine

огля́дывать *impf.* examine; **-ся** look around

о́гненный fiery

огра́бить *see* **гра́бить**

оделя́ть *impf.* give

одно́ к одному́ it's one thing after the other

оду́мываться / -ду́маться collect oneself, come to one's senses, change one's mind

означа́ть *impf.* show, appear

озорнича́ть *impf.* play rough

ой ли oh really? (sceptically)

ока́зия unusual occurrence

окая́нный damned, cursed, wretched

окружа́ть / -и́ть surround

о́мут (омуто́чка) depths

опа́ска precautionary measures

опосты́леть *pf.* grow repulsive to

опосты́нет = опосты́лет

опуска́ться / -сти́ться sink, fall

ора́ть, *impf.* ору́, орёшь yell

освобожда́ться / -ди́ться free oneself

ослу́шаться *pf.* disobey

осно́вывать / основа́ть base, found

оставля́ть / -вить, -а́влю, -а́вишь abandon

оста́ться сирота́ми become orphans

остерега́ться / остере́чься, -регу́сь, -режёшься; -рёг, -регла́ be careful / on one's guard

осужда́ть *impf.* condemn

осыпа́ть / осы́пать strew

-от *post.pcle,* see note 56

отбива́ть / -би́ть, отобью́, -бёшь win away from

отва́ливаться *impf.* drop down

отво́д *see* громово́й

отвора́чиваться / отвороти́ться, -рочу́сь, -ро́тишься turn away

отводи́ть / -вести́ глаза́ look aside

отгуля́ться *pf.* enjoy oneself as much as one likes

отдава́ть / -да́ть; — в

солда́ты send away into the army; **за́муж** — give away in marriage

отклика́ться / -кли́кнуться, -нусь, -нешься answer, respond

отма́ливаться / -моли́ться obtain God's forgiveness through prayer

отнима́ть / -ня́ть, -ниму́, -ни́мешь *and* **отъя́ть, -тыму́, -ты́мешь** take away

отпи́хивать / -пихну́ть, -ну́, -нёшь push off / away

отпра́шиваться / -проси́ться ask for leave

отсо́хнуть *see* отсыха́ть

отстава́ть / -ста́ть leave alone

отступа́ться / -пи́ться, -плю́сь, -пишься give up

отсыха́ть / -со́хнуть, -ну, -нешь; отсо́х, -со́хла wither

отта́лкивать / -толкну́ть, -ну́, -нёшь push away

оттого́ that is why

отуча́ть / -и́ть make one break the habit

отходи́ть / отойти́ go / walk away, deviate

отчего́ why

отчёт account

оты́мут *see* отнима́ть

оты́скивать / отыска́ть, -ыщу́, -ы́щешь look for

ох! ah! oh!

охо́та wish; — **вам?** why do you want (to)?

оцепене́ние state of numbness

о́ченно *arch.* very much; **уж** — too much

105

очертя́ го́лову headlong
очути́ться *pf.* (first person not used) find oneself

П

па́губа ruin
па́лка cane
па́мять memory
пансио́н boarding school
па́рочками in pairs
пе́рвый; — план foreground; — **час** after twelve o'clock (i.e. between twelve and one)
перебыва́ть *pf.* call on
перево́з ferry
передра́знивать / -ни́ть, -ню́, -нишь mimic
перекоря́ться *impf.* squabble with each other
перела́мывать / -ломи́ть break; — **себя́** control one's feelings
переменя́ться / -и́ться, -еню́сь, -е́нишься change
перемере́ть *pf.* **-мрёт; пе́ремер, -мерла́** die off
переноси́ть / -нести́ endure, carry
переруга́ть *pf.* abuse
перерыва́ть / -рва́ть slit
переу́лок, -лка alley
перпе́туум-мо́биле (перпе́ту-мо́биль) *perpetuum mobile*
пе́сий dog's
печа́лить *impf.* distress
печа́ль melancholy
пи́кнуть *pf.* **-ну, -нешь** say, tell on

пла́кать, пла́чу, -чешь / по- cry, weep; **-ся (на + A)** lament (over)
план *see* **пе́рвый**
плева́ть, плюю́, плюёшь / плю́нуть, -ну, -нешь spit
пле́вел tare (*bibl.* seeds of sin)
плеска́ть, плещу́, -щешь / плесну́ть, -ну, -нёшь clap hands
плести́сь *impf.* **плету́сь, -тёшься; плёлся, -ела́сь** drag oneself along
плечо́ shoulder; **по плечу́** on the shoulder
побежа́ть *pf.* start to run
побо́и *pl.* **-бо́ев** beating
побо́льше a little more
поборо́ть *pf.* **-орю́, -о́решь** overcome
побоя́ться *pf.* be afraid
поброди́ть *pf.* **-брожу́, -бро́дишь** wander for a time
поважне́й more important / significant
повелева́ть *impf.* (+ *I*) command
повы́йти *pf.* come out
погиба́ть / -нуть, -ну, -нешь; поги́б, -ги́бла perish
поги́бель ruin
поги́бнуть *see* **погиба́ть** *and* **ги́бнуть**
погля́дывать *impf.* throw looks at
погляде́ть *see* **гляде́ть**
погова́ривать *impf.* talk
поговори́ть *pf.* have a talk with
погоди́ть *pf.* wait a little

погуби́тель *m.* destroyer, author of ruin (*see* note 67)

под (+ *A*) to the accompaniment of

пода́вно so much the more

подая́ние charity, alms

подбега́ть / -бежа́ть run up to

подбира́ть / -обра́ть, подберу́, -берёшь pick up

подгиба́ться / подогну́ться, -ну́сь, -нёшься buckle

подде́ржка support (of the poor)

подеше́вле cheaper

поджида́ть *impf.* wait for

поди́ = пойди́; вот — ж ты! just imagine! whatever next!

подле́ц, -леца́ scoundrel

подложи́ть *pf.* place secretly

подро́сток, -тка adolescent

подрыва́ть / подорва́ть undermine

подсо́вывать / -су́нуть, -ну, -нешь slip / send in

поеди́нок, -нка duel

поедо́м -есть always find fault, scold without let-up

поезжа́й *imp.* of (по-)е́хать

пожа́луйте come in, please

пожи́ть *pf.* enjoy life, live for a while

позабыва́ть / -забы́ть forget (about)

позволя́ть allow; -во́льте allow (me)

пои́ть / на- give water to

по-и́хнему according to their(s)

по / кача́ть rock; — голово́й shake one's head

покая́ние repentance

поклони́ться *see* кла́няться

поко́и *pl.* -ев rooms; пойдём в поко́и let's go inside

поко́й rest

поко́йный quiet, calm, peaceful

поко́р reproach, disgrace

покоря́ться / -и́ться submit (oneself)

покрича́ть *pf.* shout for a while

поку́дова = поку́да = пока́ for the time being

пол sex

полете́ть *pf.* start to fly

по́лзать: ползти́ / поползти́, -зу́, -зёшь; полз, ползла́ crawl, creep

полива́ть / -ли́ть wet, water (the flowers)

по́лно! enough of that!

полно́чный northern

поло́жим let's assume, assuming that

полусумасше́дший half-mad

по́льза use

по́льзоваться *impf.* -зуюсь, -зуешь (+ *I*) make use of, take advantage of

полью́ *see* полива́ть

полюби́ть *pf.* fall in love with, grow fond of

по́мерли *see* помира́ть

поме́ха hindrance

поме́шанная (-ый) *nn.* mad woman (man)

поми́ловать *see* ми́ловать

поми́луйте! wait a moment!

помина́ть / -мяну́ть, -яну́, -я́нешь mention, remember

помира́ть / -мере́ть, -мру́,
-мрёшь; по́мер, -мерла́,
-мерло die
по́мнить remember; не —
себя́ not to know what one is
doing
по-мо́ему in my opinion
помоли́ть *pf.* pray for a while
помолча́ть *pf.* be quiet for a while
по́мысел thought
помяну́ть *see* помина́ть
по / на́добиться, -блю́сь,
-бишься be necessary, needed
попо́зже a little later
поправля́ть / -пра́вить correct,
remedy, restore
попрека́ть *impf.* reproach
попря́таться *see* пря́тать
пора́ time; до поры́ until a
certain time; в те́ поры on
those occasions
пора́ньше a little earlier
порассказа́ть *pf.* say, talk a lot
поро́к crime
по-ру́сски in Russian fashion
поручи́ться *see* руча́ться
поря́дком properly
поря́дочно pretty well
посади́ть *see* сажа́ть
посиде́ть *pf.* sit for a while
поскоре́е, поскоре́й quickly! as
quickly as possible, a little more
quickly
по́сле *adv.* later, afterwards
пост fast; вели́кий — Lent; в
посту́ вели́ком in Lent
по-стари́нному in the old style
по-ста́рше those older
посте́лет *see* стлать

посто́й! hang on, wait a little
посторо́нний outsider, stranger
постро́йка construction
посты́лый hateful, repellent
посуди́ сама́ judge for yourself
по-тво́ему according to you
потёмки *pl.* -мок darkness;
чужа́я душа́ — the human
heart is a mystery
потра́титься *see* тра́титься
поту́пившись *p.ger.* with
downcast eyes
потупля́ть / -пить, -плю, -пишь
drop one's eyes
потя́гиваться *impf.* stretch
oneself
поутру́ in the morning
похваля́ться *impf.* boast
почём how? ты — зна́ешь? how
do you know?
почита́ть *impf.* honour, respect
почте́ние respect
почте́нный respectable,
honourable, kind sir
почти́тельный respectful
поюли́ть *impf.* fuss about
пра́ведный just, righteous
пра́вить *impf.* (+ *I*) rule
пра́во *adv.* really, truly
правосла́вный Orthodox
пра́здничный holiday *adj.*
прах dust
превысо́кий very high
преде́л limit, lot
прекраща́ть / -ати́ть,
-ащу́,
-ати́шь stop from
прему́дрость infinite wisdom
прибива́ть / -би́ть beat

108

приводи́ть / -вести́ bring; **привёл Бог** God has brought it about

привя́зываться / -за́ться, -вяжу́сь, -вя́жешься pick on, annoy

пригля́дываться / -гляде́ться become accustomed to, get bored with seeing

пригрози́ть *see* **грози́ть**

придира́ться / -дра́ться, -деру́сь, -дерёшься (к + D) cavil, find fault with

прижима́ться / -жа́ться, -жму́сь, -жмёшься (к + D) snuggle up to

прика́зный *nn.* clerk

прики́дываться / -ки́нуться, -́нусь, -́нешься (+ I) pretend

прикри́кивать / -кри́кнуть, -́ну, -́нешь (на + A) shout at

прила́живать / -ла́дить, -ла́жу, -ла́дишь fit, adjust

прилега́ть / -ле́чь snuggle up to, lean on

приме́та sign

принима́ться / -ня́ться take, begin

принужда́ть / -ну́дить, -ну́ду, -ну́дишь compel, force

прислоня́ться / -и́ться lean against

прислу́шиваться / -слу́шаться listen

присма́тривать *impf.* look after, keep an eye on

пристава́ть / -ста́ть pester, be fitting / suitable

приставля́ть / -ста́вить appoint

присто́йный proper, becoming

притаи́ться *pf.* hide oneself

при́тча hard thing to explain

приумножа́ться / -́житься be increased

приходи́ться / прийти́сь к сло́ву come to mind

прова́ливаться / -вали́ться disappear, leave; **чтоб ему́ —!** to hell with him!; **провали́сь ты!** the Devil take you!

про́воды *pl.* **-ов** send-off, farewell

прово́рный quick, prompt

прогла́тывать / -глоти́ть, -глочу́, -гло́тишь swallow

прогова́риваться / -говори́ться let out a secret

прогоня́ть / -гна́ть drive away

прогу́ливаться *impf.* take a stroll

прое́зжий *nn.* passer-by, traveller

проздра́вить = поздра́вить *pf.* congratulate, wish

проклина́ть / -кля́сть, -яну́, -янёшь; про́клял, -яла́, про́кляло curse

прокля́тый damned

проме́жду between

проме́нивать / -меня́ть exchange

пронзи́тельный piercing, loud-mouthed

пропади́ про́падом go to the Devil! go to hell!

про́пасть abyss

пропива́ть / -пи́ть drink up, waste away through drink

проро́чить / на- prophesy

пропуска́ть (пропуща́ть) *impf.* let go, let go past
просве́т ray of hope
проспа́ться *pf., coll.* sleep it off
простота́ simplicity
про́сьба request, petition
прота́птывать / -топта́ть beat, wear
проти́вный repulsive
противополо́жный opposite
прохла́дно calmly
прохо́ду не дава́ть continually pester
про́чий other; и проч. = и про́чее and so on
прочь! away! be off!
проще́ние forgiveness
пря́тать / с-, -я́чу, -я́чешь hide; -ся / по- hide oneself, seek shelter
пти́ца hen; ва́жная — important person, touchy thing!
пу́гало scarecrow
пустя́к trifle
пу́таться / с- get confused
путём properly
пуща́й *imp.* let
пу́ще; — всего́ most of all; — всех more than anyone
пья́нство heavy drinking
пя́лить глаза́ (на + *A*) stare at

Р

ра́бствовать *impf.* ра́бствую, -вуешь cringe, grovel
равно́; не всё —? what difference does it make?

ра́ди Бо́га for God's sake
ра́довать *impf.* -дую, -дуешь make glad; -ся rejoice
рад-радёхонек very glad
раз time, occasion; ни -у never
разба́лтывать / -болта́ть give away, tell on
разбежа́ться *pf.* take a run at
разбира́ть / -обра́ть, разберу́, -берёшь make out, understand
разбо́йник robber, rogue
разва́ливаться / -вали́ться fall to pieces
разводи́ть / -вести́ bore with
развра́т debauchery, depravity
разгу́л walk, revelry; в — for a walk, for a good time / a drink
раздава́ть / -да́ть distribute
раздавлю́ *see* дави́ть
раздобыва́ться / -добы́ться, -бу́дусь, -бу́дешься *coll.* raise money
раз-друго́й once or twice
разжига́ть / -же́чь, разожгу́, разожжёшь; -жёг, -ожгла́ flare up
разлива́ть / -ли́ть spread out, pour out
разлюби́ть *pf.* stop loving
разма́зывать / -ма́зать, -ма́жу, -ма́жешь spread it on thick, talk a lot
разма́хивать *impf.* (+ *I*) swing, wave
размышле́ние meditation
разобра́ть *see* разбира́ть
разорва́ться *see* разрыва́ться
разоре́ние destruction

разочаро́вывать *impf.* disappoint
разочтёт *see* рассчи́тывать
разруша́ться / -и́ться fall to the ground, go to ruin
разрыва́ться / разорва́ться become divided, explode
разря́женный *p.p.p.* dressed up
ра́зум *see* ум
разуме́ется of course, it goes without saying
рай heaven
ра́йский heavenly
ра́нка *G pl.* -нок wound
расказни́ть *see* казни́ть
раскипа́ться / -пе́ться, -плю́сь, -пи́шься become excited
раскла́ниваться *impf.* (с + *I*) exchange greetings with
распи́сывать / -писа́ть paint, draw a picture
распла́каться *pf.* burst into tears
расположе́ние arrangement, inclination, mood
распуска́ть / -пусти́ть let out; — го́рло shout, bawl; — ню́ни snivel, whimper
расстава́ться / -ста́ться part
расстро́йство confusion, disarray
рассужда́ть / -уди́ть consider, judge, reason; -ся take to court
рассчи́тывать / -чита́ть *or* -че́сть, разочту́, -тёшь; расчёл, разочла́ calculate, pay
рассыпа́ть / -сы́пать strew; — разгово́р talk
растёриваться / -ря́ться lose control of oneself

растопы́ривать *impf.* spread wide
растя́гивать / -тяну́ть, -ну́, ´-нешь draw out
расхо́д expense
расцвета́ть / -ести́, -ету́, -етёшь bloom
расчёт calculation
расшиба́ть / -би́ть, -бу́, -бёшь; -ши́б, ´-бла break
раце́я long sermon (ironic)
рва́ться / по- break, burst
ребя́ты = ребя́та lads, fellows
ре́дко кто … people who … are few and far between
ре́зкий abrupt, sudden, impetuous
рехну́ться *pf.* -ну́сь, -нёшься go mad
ржа *arch.* (now ржа́вшина) rust
ро́вно (что) as if
род birth; на -у́ напи́сано preordained
роди́тельница mother
роди́ть *impf. and pf.* give birth; рождённый *p.p.p.* born
родна́я мать one's mother
родны́е *nn., pl.* -ы́х relatives
родня́ *collect.* relatives
рождён *see* роди́ть
ру́бище rags, tatters
рожо́н, -на́ sharp stake
руга́тель *m.* scolder, curser
руга́тельство cursing, swearing
руга́ть / вы́- *or* из- swear at, scold, abuse
рука́ (ру́чка) hand; за́ -ку by the hand; под пья́ную ´-ку under the influence of drink (*see* also сложа́)

111

rukáv *N pl.* **-á** sleeve
руча́ться / поручи́ться (за +
    A) answer for, vouch for
рыда́ть *impf.* sob
ры́ло snout, ugly mug

С

-с *arch., pcle* (added to a word to
    express politeness or
    subservience; *abbr.* of
    су́дарь sir, **суда́рыня** madam)
сад garden, park
садо́вый garden *adj.*
сажа́ть / посади́ть seat, place
салта́н sultan
сам по себе́ independently
само́ собо́й it goes without
    saying
самоу́чка *m., G pl.* **-чек** self-
    taught man
сбере́тся = собере́тся *as in*
    собира́ться / -бра́ться,
    -беру́сь, -берёшься to be about
    to
сбива́ться / сби́ться с ног be
    rushed off one's feet, worn out
сва́ливаться / свали́ться fall
    down; **гора́ с плеч —** be a load
    off one's mind
свекро́вь mother-in-law
    (husband's mother)
све́рху from above
свет society; **— наш** our darling
    boy; **на чём — стои́т** very
    strongly, without restraint; **со́ -у**
    сжива́ть torment
све́тлый bright, radiant

свиста́ть *impf.* **-щу́, -́щешь**
    whistle
свод arch
свой; уж не своя́ ста́ла I was no
    longer myself; **сама́ не своя́**
    сде́лалась she's lost control of
    herself
свя́зывать / связа́ть -яжу́,
    -́яжешь tie
сгова́ривать(ся) /
    сговори́ть(ся) come to an
    agreement
сду́ру foolishly
себе (unstressed) (suggests that an
    action is for one's pleasure or in
    one's interest)
себя́; сам по себе́ for / by oneself
се́верный northern; **—ное**
    сия́ние northern lights
секре́т secret
секре́тный secret *adj.*
се́льский rural
семе́йный family *adj.*
семе́йство family
серде́чный tender
се́рдце heart, rage, temper; **—**
    упа́ло one's heart has stopped
    beating
сестри́ца sister; **на́ша —**
    (сестра́) I and women like me,
    we women
сжива́ть со́ свету torment
сза́ди (from) behind
сирота́ *m. and f.* orphan;
    оста́ться -та́ми become
    orphans; **-то́й**
    прики́дываешься you pretend
    to be unhappy
сия́ние *see* **се́верный**

112

ска́зываться *impf.* be told

скамья́ *G pl.* -ме́й bench

ска́терть tablecloth; -тью доро́га! (have) a good journey! (Nowadays rather more 'good riddance!')

скда́дывать / сложи́ть fold

ско́лько how much, how many; не сто́лько ... ско́лько not so much ... as

сконфу́зиться *see* конфу́зиться

скоре́й! hurry up!

скоры́-то swift

ску́ка boredom

скрыва́ть / скрыть hide, conceal; -ся hide (oneself, one's feelings)

ску́чно boring, sad; —мне I'm fed up; — мне по нём I long for him

ску́чный boring, sad

сла́ва Бо́гу thank God

сла́вить *impf.* spread wicked rumours

сла́живать / сла́дить, -а́жу, -а́дишь cope with, come to terms with

слегка́ slightly

слобо́дно = свобо́дно free

сло́вно as if, like

сложа́ ру́ки (ру́чки) сиде́ть sit with folded hands, i.e. be idle

слу́жба *G pl.* -́жеб (church) service

слу́шаться / по- obey

слыха́ть *impf.* hear

слы́шный audible

сметь, сме́ю, -е́ешь / по- dare

смех laugh(ter); — да и

то́лько it's enough to make you laugh

смеши́ть *impf.* make laugh

сми́рный mild

смола́ pitch, tar

смо́лоду ever since youth

смуща́ть / -ти́ть, смущу́, -ути́шь confuse, confound

снова́ть *impf.* сную́, снуёшь scurry

сноха́ daughter-in-law (of father)

собира́ться / -бра́ться с мы́слями pull oneself together

собла́зн temptation

соблазня́ть / -ни́ть tempt

совершенноле́тие full legal age

со́вестно shameful, ashamed of

согреши́ть *see* греши́ть

Содо́м Sodom (here indicates turmoil rather than depravity)

сокруша́ть / -и́ть crush

со́лнышко sun

сорва́ться *see* срыва́ться

сосе́душка *m. and f., G pl.* -шек neighbour

составля́ть / -а́вить form

со́хнуть *impf.* -ну, -нешь dry, waste away

сохрани́ Го́споди (may) God save us

спать sleep; мне не спи́тся I can't sleep

спря́таться *see* пря́таться

спуска́ть / -сти́ть; спу́щенный *p.p.p.* let out, pardoned

срыва́ться / сорва́ться break loose; *see* цепь

Сс-сс! Psst!

113

ста́ло быть and so, consequently

стально́й steel *adj.*

старина́ the old days, olden times

стару́ха old woman

стать *nn.* build, bearing; **на мою́ — to** to match me, anything like me

ста́ться *pf.* happen; **от неё всё ста́нется** you can expect anything from her

степе́нство honour (title for merchants)

стере́чь *impf.* **-регу́, -режёшь; -рёг, -регла́** guard, keep watch

сте́рпливать / стерпе́ть put up with, reconcile oneself to

стихи́ *pl.* **-о́в** hymn

стлать, стелю́, сте́лешь / постели́ть посте́ль make the bed

сто́ить be worth, deserve

столб (сто́лбик) post, column

стон groan, din; **— сто́ит** endless noise

сто́рож watchman

сторона́ (сторо́нка); в сто́рону aside

страм = срам shame

стра́нница (стра́нный *nn.*) itinerant pilgrim living by charity

стаща́ть / по- frighten, scare

строчи́ть / по- scribble

ступа́ть *impf.* be off

стя́гивать / стяну́ть, -ну́, -нешь filch

суд trial (legal), judgement; **— твори́ть** pass judgement

су́дарь sir

суди́ть = рассужда́ть

судья́ (судия́) *m. G pl.* **-е́й** judge

суета́ bustle, vanity

суе́тный vain, empty

сумасше́дший *adj.* mad; — *nn.* madman

су́мерки *pl.* **-рок** dusk

сходи́ть / сойти́ с ума́ go mad; **сходи́ да посмотри́** go and look

схорони́ть(ся) *see* **хорони́ть(ся)**

сце́на; за -ной off-stage

сыно́к, -ка́ son

сы́пать *impf.* **-плю, -плешь** scatter; **-ся** fall

Т

та́ет *see* **та́ять**

та́йный private

так for no special reason; **— и** simply, just; **— нет** but no, all the same – no

-таки *post.* (unstressed) in any case, nevertheless, the fact is

тако́в, -ва́ such (a one); **-во́ = так** so

таска́ть: тащи́ть, -ащу́, -ащишь / потащи́ть carry, drag

тата́рин *N pl.* **тата́ры** *G pl.* **тата́р** Tatar, heathen

та́ять, та́ю, та́ешь / рас- melt

твори́ть / за- create; **— суд** pass judgement

темнота́ darkness

тепе́рича = тепе́рь now

терпе́ться *impf.* **-плю́сь, -пишься** put up with as long as possible

тётка *G pl.* **-ток** aunt

тира́нить *impf.* torture, tyrannize

то ... то now ... now; **не то что** not to mention, let alone; **не то** not the same

-то (unstressed) (When added to a pronoun or adverb means 'exactly'; when added to certain pronouns and adverbs suggests indefiniteness; it may be added to other words for emphasis or to give a rather familiar tone)

толкова́ть *impf.* **-ку́ю, -ку́ешь** talk; **толку́й тут ещё** what's the use of talking

то́лком plainly, sensibly

то́лько бы if only

то́пать / то́пнуть, ́-ну, ́-нешь stamp

торго́вля trade

торопи́ться, -плю́сь, ́-пишься / по- hurry

тоска́ desperation

тоскова́ть *impf.* **-ку́ю, -ку́ешь** be sad

то́-то (emphasizes expressions of emotions); **то́-то вот** precisely, the whole point is that; **то́-то что нет** actually, no; (**то́-то** may also mean 'see to it that you don't', 'you'd better not')

точи́ть / на- grind on, wear out

тра́вка *G pl.* ́-вок blade of grass

тракти́р tavern

трепа́ть, -плю́, ́-плешь / по- pat

треуго́льный three-cornered

трон throne

тропи́нка *G pl.* ́-нок path

труп corpse

трущо́ба God-forsaken spot

туды́ = туда́

тужи́ть *impf.* grieve

туре́цкий Turkish

тьфу́! damn it!

тяжёлый hard, difficult

тя́жкий painful

тяну́ть -я́ну, -я́нешь / по- draw attract; **тебя́ тя́нет** you have a longing to; **-ся** drag on

У

уберега́ться / -бере́чься, -берегу́сь, -бережёшься; -берёгся, -берегла́сь avoid

убива́ться / -би́ться waste away from grief

убира́ться / -бра́ться get away

уби́тый *p.p.p. of* **уби́ть** more dead than alive

убо́гий *nn.* beggar

убы́ток, ́-ка loss; **в —** at a loss

уважа́ть *impf.* respect, appreciate

ува́жить *pf.* humour

увида́ть *see* **вида́ть**

уга́дывать / -гада́ть guess

угова́ривать / -говори́ть calm down, persuade

угово́р persuasion

уго́дно; ско́лько — / как — as much as one pleases

угожда́ть / -оди́ть please, oblige

у́гол (уголо́к, -ка́); из-за угла́ on the quiet

уда́р blow; **— гро́ма** clap of thunder

уде́рживать / -держа́ть refrain;
-ся keep one's footing
уж (can introduce and / or
intensify a statement) indeed,
there; — о́чень too much
у́жас terror
ужаса́ться *impf.* be terrified
ужива́ться / -жи́ться get along
with
ужо́ (ужо́тка) *coll., adv.* later
у́зел, -зла́ bundle
украша́ть / -кра́сить, -ашу́,
-си́шь adorn; -ся adorn
oneself
украше́ние adornment,
decoration
укуси́ть *pf.* -кушу́, -ку́сишь bite
ум mind; с ума́ сходи́ть go mad;
у́му-ра́зуму учи́ть teach the
rules of life
умале́ние diminution; в —
приходи́ть get less and less
умоля́ть / -и́ть implore
унима́ть / -ня́ть, уйму́,
уймёшь calm down; -ся calm
oneself down
уноси́ть / -нести́ carry off, take
away
уры́вками by snatches
услу́га service, good turn
усну́ть *pf.* -ну́, -нёшь go to sleep
успока́ивать / -ко́ить set at rest;
-ся calm oneself

Ф

фальши́вый hypocritical
фона́рь *m.* -я́ lantern

X

ха, ха, ха! ha-ha-ha!
ханжа́ *m. and f.* sanctimonious
old man / woman
хвати́ться *pf.* -ачу́сь, -а́тишься
miss, notice someone's absence
and start searching
хи́мик a clever one (ironic)
хи́трость art, skill; — не
вели́кая it's not difficult
хи́трый sly, cunning
хладнокро́вно coolly
хло́поты *pl.* -по́т trouble
хмельно́й drunk
холе́ра cholera; в -ру at the time
of the cholera epidemic
холст, -а́ linen
хоро́мы *pl.* -ром mansion
хорони́ть, -оню́, -о́нишь / с-
bury; -ся hide oneself from
something
хороше́нько in proper fashion
хоть at least, although, better,
even, for example, lest; —
кто anyone; — что anything,
no matter what; — бы even if,
granted that
храм temple
худо́й thin

Ц

ца́рство kingdom
цепь, це́пи; он как с цепи́
сорва́лся = he's rushing about
like a madman
ци́фра number

Ч

чай *adv.* after all, apparently, indeed

ча́сик hour, time

часовщи́к watchmaker

ча́стый frequent

чахо́тка tuberculosis, consumption

ча́ять *impf.* **-ча́ю, ча́ешь** expect, hope; **души́ не — в** (+ *P*) dote upon

чего́ why

чей-нибудь anybody's, somebody or other's

червя́к worm

черда́к attic

честь honour

чин rank

чорт (чёрт) devil, evil spirit

чрез = через

что (unstressed) because, that; — . . . — whether . . . or

что́ how is / are? why, how much / many?; **а —?** and so? why do you ask?; **ну — ж** well then?; **— со мно́й?** what's the matter with me?; **— ж** why (not)?; **— же он?** how is he?; **— ни** whatever; **— за** what kind of?; **— . . . то =** **чем . . . тем** the . . . the . . .; **— да́льше, то ху́же** the further it goes the worse it gets; **— (и) говори́ть** of course; **— ль (ли)** is it really possible that? that will be the day, perhaps; **— бы (ты)?** what are you saying / doing?; **не́ к чему** there is no need

чу́вство feeling; **па́дать без чувств** faint

чудно́й odd, strange

чу́до *N pl.* **чудеса́** *G pl.* **чуде́с** miracle, something remarkably strange; **чудеса́!** it's wonderful

чула́н storeroom

чуть hardly; **— что** for the slightest reason

чу́ять *impf.* **-чу́ю, чу́ешь** smell

Ш

шали́ть *impf.* be naughty; **шали́шь!** don't try that on with me!

шёлковый smooth as silk, meek as a lamb

шёпот whisper

шепта́ть, шепчу́, ше́пчешь / -ну́ть, -ну́, -нёшь whisper

шест rod

ши́то да кры́то quietly, on the sly

шпа́га sword

шпи́лька *G pl.* **-лек** style (on a sundial)

Щ

ще́дрость generosity

щедро́ты *pl.* **щедро́т** bounties

Э

э! Oh! indeed!

эй! oi! hey!

117

э́кий, э́ка(я), э́ко(е) what a, see
    what (a) . . . there is there
элестри́чество = электри́чество
э́так so, thus
э́такий (э́такой) such
э́то (sometimes used just for
    emphasis)
эх oh! ah!

Я

явле́ние scene (in a play)
я́корь *m.* anchor